예수께서 무리를 보시고
산에 올라가 앉으시니 제자들이 나아온지라
입을 열어 가르쳐 이르시되
심령이 가난한 자는 복이 있나니 천국이 그들의 것임이요
애통하는 자는 복이 있나니 그들이 위로를 받을 것임이요
온유한 자는 복이 있나니 그들이 땅을 기업으로 받을 것임이요
의에 주리고 목마른 자는 복이 있나니 그들이 배부를 것임이요
긍휼히 여기는 자는 복이 있나니 그들이 긍휼히 여김을 받을 것임이요
마음이 청결한 자는 복이 있나니 그들이 하나님을 볼 것임이요
화평케 하는 자는 복이 있나니
그들이 하나님의 아들이라 일컬음을 받을 것임이요
의를 위하여 핍박을 받은 자는 복이 있나니 천국이 그들의 것임이라
나로 말미암아 너희를 욕하고 박해하고 거짓으로 너희를 거슬러
모든 악한 말을 할 때에는 너희에게 복이 있나니
기뻐하고 즐거워하라 하늘에서 너희의 상이 큼이라
너희 전에 있던 선지자들도 이같이 박해하였느니라

마태복음 5장 1-12절

깊이 읽는
여덟가지 복

A Careful Reading of
the Beatitudes

김남준 1993년 열린교회를 개척하여 담임하고 있고, 총신대학교 신학과 조교수를 역임했으며, 지금은 초빙 교수로 가르치고 있다. 청소년 시절, 실존적 고민으로 혹독한 방황을 했다. 스물한 살 때 톨스토이를 읽고 기독교에 귀의했다. 아우구스티누스와 조나단 에드워즈, 칼뱅과 존 오웬을 오랜 세월 사숙(私淑)했다. 인생길에서 방황하는 이들이 기독교에서 진리를 발견하고 사랑함으로 선하고 아름다운 삶을 살게 하는 것이 소원이다.

1997년 이래로 기독교 출판문화상을 4회 수상했다(1997, 2003, 2005, 2015). 저서 중 약 40만 부가 판매된 『게으름』은 미국에서 *Busy for Self, Lazy for God*으로, 중국에서 『懶惰』로 번역 출간되었다. 그 외에도 『죄와 은혜의 지배』, 『신학공부, 나는 이렇게 해왔다』, 『염려에 관하여』, 『다시, 게으름』, 『시험에 관하여』(이상 생명의말씀사), 『아무도 사랑하고 싶지 않던 밤』(김영사) 등 다수의 저서가 있다.

깊이 읽는
여덟가지 복

ⓒ 생명의말씀사 2023

2023년 1월 5일 1판 1쇄 발행
2023년 1월 10일 2쇄 발행

펴낸이 | 김창영
펴낸곳 | 생명의말씀사

등록 | 1962. 1. 10. No.300-1962-1
주소 | 서울시 종로구 경희궁1길 6 (03176)
전화 | 02)738-6555(본사) · 02)3159-7979(영업)
팩스 | 02)739-3824(본사) · 080-022-8585(영업)

지은이 | 김남준
사진 | 김남준

기획편집 | 태현주
디자인 | 조현진, 김혜진
인쇄 | 영진문원
제본 | 보경문화사

ISBN 978-89-04-16814-9 (03230)

저작권자의 허락없이 이 책의 일부 또는 전체를
무단 복제, 전재, 발췌하면 저작권법에 의해 처벌을 받습니다.

깊이 읽는 여덟가지 복

A Careful Reading of the Beatitudes

예수 그리스도께서 산 위에서 참된 행복을 말씀하셨습니다. 인류가 거기서 행복을 발견했습니다. 영혼의 생명을 갈망하던 자들에게 들린 음성이었습니다. 그것은 참된 행복을 찾는 사람들에게 빛이었습니다. 팔복의 세계에 눈을 뜨십시오. 행복이 당신을 기다릴 것입니다. 지금 이 책을 여는 당신, 마지막 장을 덮을 때는 이전의 그 사람이 아닐 것입니다.

김남준

생명의말씀사

저자 서문

행복은 사람됨입니다

　모든 사람은 행복하길 원합니다. 살아 있는 것 자체가 더 나은 상태에 있기를 욕망하는 것이니 누군들 불행하길 바라겠습니까? 불행한 사람도 사실은 불행하길 선택한 것이 아닙니다. 그게 행복에 이르게 할 줄로 잘못 알았기에 그리한 것입니다.
　현대인의 관심사는 물질적 풍요와 개인적 평안입니다. 그러나 행복은 나와 타자 사이에 걸쳐 있는 것입니다. 악한 자의 만족을 행복이라고 보지 않는 것도 이 때문입니다. 그러나 자신을 모든 것의 중심으로 여기고 자기만족을 최고의 가치로 생각하는 사람들은 타자와 어떻게 관계를 맺어야 하는지 모릅니다.
　행복에 대해 가르치려 드는 사람들은 한길가에 돗자리를 깔고 앉은 점쟁이 같습니다. 자신도 이르지 못한 행복을 가르치는 것이 마치 남의 길흉을 점쳐 주고 있지만 자신이 그런 처지에 있게 될 줄은 몰랐던 이들과 같기 때문입니다. 그러므로 행복에 관해 말할 때 우리는 겸손해야 합니다.

　사랑인 줄 알았을 때는 이미 그 사랑 떠나보낸 뒤인 것처럼, 행복도 그것을 떠나보낸 후에 행복임을 알게 됩니다. 그래서 행복은 지금보다는 기억 속에서 달콤하고 기대 속에서 달갑습니다.

　세상에서 완전한 행복을 누린 단 한 사람이 있습니다. 예수 그리스도이십니다. 완전한 사람으로 오셔서 완전한 삶을 사셨습니다. 하나님과 사람들 모두와 완전한 관계를 가지셨습니다. 그러나 그분도 불행한 사람들이 겪는 고통과 시련, 만남과 헤어짐, 마침내 죽음까지 경험하셨습니다. 그러니 이 땅에서 고통 겪는 우리도 행복하기를 꿈꿀 수 있습니다.

　팔복은 사람됨 때문에 누리는 행복입니다. 이 행복을 이미 누리고 계신 분이 우리를 그 행복으로 초대하십니다. 우리 모두 팔복의 사람이 되기를 꿈꿀 수 있으면 좋겠습니다.

2022년 12월
그리스도의 노예 김남준

목차

저자 서문 행복은 사람됨입니다   04

제1장 팔복산에 오르자   09
들어가는 말 | 병 고침을 넘어서 | 무리를 바라보심 | 입을 열어 말씀하심 | 산에서 들려주심 | 맺는말

제2장 심령이 가난한 자   31
들어가는 말 | 인간의 행복 | 가난함이란 무엇인가? | 가난한 마음과 믿음 | 심령이 가난한 자의 행복 | 지금 그 나라를 누림 | 맺는말

제3장 애통하는 자   55
들어가는 말 | 죄 때문에 애통함 | 하나님 나라 때문에 애통함 | 애통하는 자의 행복 | 맺는말

제4장 온유한 자   81
들어가는 말 | 온유함이란 무엇인가? | 온유한 자의 특성 | 온유한 자의 행복 | 맺는말

제5장 의에 주리고 목마른 자   107
들어가는 말 | 의란 무엇인가? | 의에 주리고 목마른 자 | 의에 주리고 목마른 자의 만족 | 맺는말

제6장 긍휼히 여기는 자 137

들어가는 말 | 긍휼이란 무엇인가? | 긍휼에 빚진 자의 삶 | 긍휼로 천국의 질서를 보여주십시오 | 긍휼히 여기는 자의 복 | 맺는말

제7장 마음이 청결한 자 161

들어가는 말 | 청결함이란 무엇인가? | 마음이 청결해지는 길 | 마음이 청결한 자의 행복 | 맺는말

제8장 화평하게 하는 자 187

들어가는 말 | 평화란 무엇인가? | 평화에 대한 오해 | 깨어진 평화 | 평화를 만드는 사람들 | 화평케 하는 자의 행복 | 하나님의 아들이 된다는 것 | 맺는말

제9장 박해받는 자 217

들어가는 말 | 박해란 무엇인가? | 신자를 박해하는 세상 | 박해 받는 자의 행복 | 맺는말

제10장 기뻐하는 사람들 241

들어가는 말 | 예수 닮음과 고난 | 세상이 박해하는 방식 | 고난받는 선지자들 | 천국의 상급 | 성도의 참된 기쁨 | 맺는말

에필로그 268
참고 문헌 272
성구 색인 278
주제별 색인 288

지금 마음이 어디에 있습니까? 세상 사랑에 찢어진 정신으로 어찌 하느님을 비웁겠습니까? 덧없는 세상사에서 잠시 마음을 떼어 내십시오. 마음으로 속세를 잠시 떠나십시오. 팔복산에 오르십시오. 거기서 참된 행복에 관해 말씀하시는 그리스도를 만나십시오. 하느님 없이 행복해지려는 어리석음을 버리십시오. 불붙는 사랑으로 만나 주실 것입니다. 긍휼히 여겨 주실 것입니다. 불행의 뿌리까지 고쳐 주실 것입니다.

제1장

팔복산에 오르자

"그리고 무리를 보시면서, 예수께서는 산속으로 올라가셨고, 앉으셨을 때 그분의 제자들이 나아왔다. 그리고 그분의 입을 열어 그들에게 가르치셨다. 이르시기를"(마 5:1-2, KNJ 私譯).

Ἰδὼν δὲ τοὺς ὄχλους ἀνέβη εἰς τὸ ὄρος·
καὶ καθίσαντος αὐτοῦ προσῆλθαν αὐτῷ οἱ μαθηταὶ αὐτοῦ·
καὶ ἀνοίξας τὸ στόμα αὐτοῦ ἐδίδασκεν αὐτοὺς λέγων·

저자의 설교 '팔복산에 오르자', '가르치신 예수님'으로 연결됩니다.

　무신론자에서 돌이켜 기독교에 귀의했을 때였습니다. 그리스도께 회심하고 너무나 기뻤습니다. 온 세상이 그림책 같았고 지나온 삶이 소설 같았습니다. 그림책은 하나님을 보여주는 것이었고 소설은 내 인생의 계획을 알려 주는 것이었습니다.

　그토록 좋아하던 문학과 철학, 인생에 대한 사색을 모두 끊어 버렸습니다. 그것이 신앙인 줄 알았습니다. 그러나 그것이 옳다고 여긴 것은 잠깐 동안이었습니다.

　얼마 지나지 않아 곧 혼란스러워졌습니다. 기독교 신앙을 어떻게 내 인생과 연결 지어야 하는지 잘 몰랐기 때문입니다. 오래 믿은 사람들도 방금 믿은 나와 달라 보이지 않았습니다. 살아 있는 신앙은 무엇으로 나타나야 하는가에 대해 고민하게 되었습니다.

그리스도인이 되는 것은 무엇을 '갖기' 위한 것도 아니며, '하기' 위함도 아닙니다. 그리스도인이 된다는 것은 '되기' 위함입니다. 인격적으로 그리스도 닮은 자가 되는 것입니다. 왜냐하면 그분이 참사람의 모본이시며, 거기에 행복이 있기 때문입니다.

예수님을 믿는 것은 참된 사람이 되기 위함이며, 사람이 되게 하심은 창조의 목적을 따라 살아 행복을 누리게 하시기 위함입니다. '됨'에서 '함'이 나오고 '함'에서 '갖음'은 의미 있게 됩니다.

들어가는 말

그리스도의 생애는 무지한 자들을 가르치신 일대기였습니다. 길에서도, 바닷가에서도, 회당에서도 가르치셨습니다. 어디서나 말씀을 전하셨습니다.

본문의 가르침은 산 위에서 주신 것이기에 '산상수훈'(山上垂訓)이라고 합니다.* '수훈'이란 '후세에 길이 남겨질 교훈'이라는 의미입니다.

* 요아힘 예레미아스(Joachim Jeremias)에 따르면, 산상수훈의 신학적 의미에 관한 주장에는 크게 세 가지가 있다. 첫째, 산상수훈은 일상의 삶을 위한 도덕적 완전함, 다시 말해 복음이 아니라 율법을 가르친다. 둘째, 산상수훈은 하나님의 자비하심을 의지할 수밖에 없도록 실천 불가능한 이상을 제공한다. 셋째, 산상수훈은 종말이 다가오기 전까지 긴급한 회개를

이 말씀을 통해 천국 백성이 누구인지, 어떻게 살아야 하는지 가르쳐 주셨습니다. 이는 시내산에서 율법을 받아 이스라엘 백성들을 가르친 모세를 생각나게 합니다(출 34:32).

병 고침을 넘어서

요한으로부터 세례를 받으시고 공생애를 시작하셨습니다(마 3:13-17). 제자들을 부르신 후(마 4:18-22), 온 갈릴리를 다니시며 복음을 선포하셨습니다. 모든 병과 모든 약한 것을 고쳐 주셨습니다(마 4:23). 소문은 온 수리아에 퍼졌습니다.

병 고침을 받은 사람들 중 어떤 이들은 집으로 돌아갔습니다. 원하는 것을 얻었기 때문입니다. 그러나 어떤 사람들은 만족할 수 없었습니다. 육신의 질병은 고쳤지만 영혼의 문제는 아직 남아 있었기 때문입니다. 갈릴리와 데가볼리, 예루살렘과 유대, 요단강 건너편에서 온

촉구하는 한시적인 윤리를 제공한다. 그러나 예레미아스는 세 견해를 조율하는 대안적 답변을 제시했다. 산상수훈은, 하나님의 은혜라는 선물을 사용할 수 있도록, 선포된 복음이라는 점이다. 따라서 산상수훈은 살아 있는 믿음을 상세하게 묘사하는 동시에, 그 선물을 개인의 삶의 기초로 삼을 것을 가르치고 있다. Joachim Jeremias, *The Sermon on the Mount* (Philadelphia: Fortress, 1963); Warren Carter, *What Are They Saying about Matthew's Sermon on the Mount?* (New York: Paulist Press, 1994), 78-79.

사람들이 예수님을 따랐습니다(마 4:24-25). 기적을 보기 위해서가 아니었습니다. 진리를 알고 싶어서였습니다.

질병에서 벗어나는 것은 중요한 일입니다. 고민이 해결되는 것도 좋은 일입니다. 놀라운 기적을 경험하셨습니까? 인생의 고비에서 건짐 받으셨습니까? 잘하셨습니다. 그러나 그것은 시작일 뿐입니다.

인간은 육체와 영혼을 가진 존재로 창조되었습니다(창 2:7). 육체의 생명은 영혼에 있고, 영혼의 생명은 하나님께 있습니다.* 행복해지려면 육체뿐 아니라 영혼도 좋은 상태여야 합니다. 좋은 상태란 그것들이 본래 만들어진 목적대로 잘 작용하는 것입니다. 그러기 위해서는 육체와 영혼에 필요한 것들이 적절히 공급되어야 합니다.

육체와 영혼은 서로 다른 것입니다. 기원도 다르고 필요로 하는 자원도 같지 않습니다. 육체는 흙으로부터 왔고, 그것은 물질입니다. 그래서 지상 자원을 필요로 합니다. 추위와 더위를 피할 수 있는 집과 의복, 그리고 생명과 활력을 유지할 수 있는 물과 음식을 필요로 합니다(마 6:11). 이와 대조적으로, 영혼은 하늘로부터 왔고, 그것은 물질이 아닙니다(창 2:7). 그래서 천상 자원을 필요로 합니다. 영혼의 양식인 진리의 말씀, 그리고 영혼의 생명인 사랑을 필요로 합니다.

---

* "그분은 사람의 영혼이 아니다. 사람의 영혼은 그분이 아니다. 그런데 영혼은 그분 것이다. 또한 인간의 것이기도 하다. 중요한 건 이거다. 영혼은 불멸하는 사물이다." 김남준, 『아무도 사랑하고 싶지 않던 밤』 (파주: 김영사, 2020), 125-126.

육체의 자원은 물질입니다. 세상의 자원은 한정되어 있고 인간의 욕망은 무한합니다. 그렇기 때문에 치열한 경쟁을 통해 더 많이 갖고자 합니다. 인간은 육체적 자원의 결핍을 예민하게 느낍니다. 이에 비해, 영혼의 자원은 생명입니다. 영적 생명입니다. 그것은 남에게 빼앗아 얻을 수 있는 것이 아닙니다. 그 결핍은 예민하게 느끼지 못합니다.

무리를 바라보심

따르는 무리를 바라보셨습니다. 산에 오르셨습니다.** 제자들이 나아왔습니다. 말씀을 가르치셨습니다. 제자들에게만 가르치신 것은 아니었습니다. 더 많은 사람들에게 하신 설교였습니다.***

** 누가복음의 산상수훈 도입부에는 평지에서 가르치신 것으로 나온다. "예수께서 그들과 함께 내려오사 평지에 서시니…"(눅 6:17). 이것은 두 가지로 설명될 수 있다. 예수께서 설교하신 곳이 산 위의 평평한 곳이었거나, 평지에서 병자들을 고치신 후 산 위에 올라 가르치셨을 것이다. William Hendriksen, *New Testament Commentary: Exposition of the Gospel According to Matthew* (Grand Rapids: Baker Book House, 2004), 260.

*** Daniel J. Harrington, *The Gospel of Matthew*, in *Sacra Pagina*, vol. 1 (Collegeville: Liturgical Press, 1991), 78.

"예수께서 무리를 보시고 산에 올라가 앉으시니 제자들이 나아온지라"(마 5:1).

'보시고'라고 번역된 헬라어 이돈(ἰδὼν)은 육신의 눈으로 보는 것만을 뜻하지 않습니다. 오히려 사물의 배후를 통찰하여 파악하는 것을 의미합니다. 여기서는 인간의 눈으로는 볼 수 없는 영혼의 상태를 인식하는 것을 뜻합니다.*

무리를 바라볼 때, 마음이 찢어지는 것 같으셨습니다. 목자 없는 양과 같이 고생하며 기진한 상태에 있었기 때문입니다(마 9:36).**

우리는 육체의 눈으로 볼 수 있는 것이 전부인 줄 압니다. 그래서

---

* 이돈(ἰδὼν)은 동사 호라오(ὁράω)의 제2부정과거, 분사, 능동태, 남성, 단수다. 이 동사는 육신의 눈으로 어떤 사물을 보는 것을 가리키기도 하였으나(마 28:7, 막 16:7), 환상을 보거나(눅 1:22, 24:23), 하나님의 위엄을 보는 것을 의미하였다(요 11:40, 요일 3:2, 계 22:4). 유의어인 블레포(βλέπω)와 대조적으로 주로 정신적이고 영적인 실재들을 보는 것을 뜻하는 동작으로 사용되었다. Walter Bauer, Frederick W. Danker, William F. Arndt, F. Wilbur Gingrich, eds., *A Greek-English Lexicon of the New Testament and Other Early Christian Literature*, 3rd ed. (Chicago: University of Chicago Press, 2000), 719.

** 마태복음 9장 36절을 직역하면 다음과 같다. "무리를 보시고 (찢어지기까지) 마음 아파하셨으니, 이는 그들이 목자 없는 양들과 같이 괴롭힘을 당하며 내던져졌기 때문이다"(Ἰδὼν δὲ τοὺς ὄχλους ἐσπλαγχνίσθη περὶ αὐτῶν, ὅτι ἦσαν ἐσκυλμένοι καὶ ἐρριμμένοι ὡσεὶ πρόβατα μὴ ἔχοντα ποιμένα). 여기서 '보시고'라고 번역된 헬라어 단어도 이돈(ἰδὼν)이다.

육신의 일에만 골몰합니다. 가난한 사람은 부유해지기를 바라고, 아픈 사람은 낫기를 원합니다. 관계가 깨진 사람은 회복하고 싶어합니다. 그러면 행복해질 것이라고 믿기 때문입니다.

어느 정도는 사실입니다. 따라서 이런 상태를 개선하고자 노력해야 합니다. 주린 자를 위해 먹을 것을 주고, 병든 자는 치료해 주고, 외로운 자에게 친구가 되어 주어야 합니다. 그러나 그것만으로는 참된 행복에 도달할 수 없습니다.

한 가지가 해결되고 나면 또 다른 문제가 찾아오니, 인생의 고통은 끝이 없습니다. 이 땅에 사는 동안에는 언제나 그럴 것입니다. 저절로 찾아오는 행복한 날보다는 어쩔 수 없는 슬픈 일이 많기 때문입니다. 한자어에서 '행복'(幸福)이라는 말 자체가 '뜻밖에 찾아온 복'이라는 의미인 것도 이러한 사실을 말해 줍니다.

인간의 고통에는 근본적인 원인이 있습니다. 하나님과의 관계가 깨졌기 때문입니다. 그것은 죄(罪) 때문이었습니다. 깨어진 관계는 자원의 결핍을 가져왔습니다. 육체와 영혼을 위한 자원의 결핍이었습니다. 이로써 인간은 불행하게 되었습니다.

죄는 인간 사이의 관계도 깨뜨렸습니다. 그래서 사람들과의 평화는 깨졌고, 자연과의 관계도 파괴되었습니다(창 3:17-18). 갈등이 생겨났고, 인간은 생존을 위해 투쟁해야 했습니다. 죄 때문이었습니다. 죄를 해결하지 않고는 참된 행복에 이를 수 없었습니다. 행복한 삶을 살 수 있는 자원을 공급받을 길이 없었기 때문입니다.

이에 하나님은 그리스도를 보내셨습니다. 우리 죄를 짊어지고 십자가에서 죽으심으로 다시 하나님과 화목하게 해주셨습니다(롬 5:10, 고후 5:18). 망가졌던 하나님과의 관계를 고쳐 주셨습니다. 우리를 구원하심으로 하늘 자원을 다시 공급받을 수 있게 하셨습니다. 영혼의 생명을 얻게 하셨습니다.

입을 열어 말씀하심

그리스도께서 진리의 말씀을 들려주셨습니다. 영적으로 생명을 얻고 더욱 풍성한 삶을 살게 하시기 위함이었습니다(요 10:10).

"입을 열어 가르쳐 이르시되"(마 5:2).

마태복음의 산상수훈은 석 장 분량으로 기록되어 있습니다(마 5:3-7:27). 그러나 그것은 실제로 말씀하신 긴 설교의 요약입니다. 천국 백성의 정체성과 삶에 대해서 실로 많은 가르침을 쏟아 놓으셨을 것입니다. 산상수훈은 그 핵심을 간추려 모은 것입니다.*

---

* Craig L. Blomberg, *Matthew*, in *The New American Commentary*, vol. 22 (Nashville: Broadman Press, 1992), 96.

입을 여셨습니다. 댐의 수문이 열린 것처럼 말씀이 쏟아져 나왔습니다. 어떠한 주저함이나 머뭇거림이 없이 폭포수처럼 쏟아졌습니다. 어떻게 그럴 수 있었을까요?

하나님의 아들이시니, 진리를 잘 알고 계셨을 것입니다. 더욱이 그분은 진리 자체가 아니십니까?(요 14:6) 그러나 또 다른 이유가 있었습니다. 그분은 어릴 때부터 성경을 사랑하고 배우셨습니다(눅 2:52). 열두 살 되셨을 때는 이미 성전의 선생들조차 놀랄 말씀의 지혜를 갖고 계셨습니다(눅 2:44-47).

여기에는 강한 인상을 주는 요소가 있습니다. 선포되는 말씀이 경험적이고 인격적이라는 것입니다. 그분 손에는 성경도, 원고도 없었습니다. 단지 지식만이 아니라 경험으로 설교하셨습니다. 그것은 진리가 인격화된 가르침이었습니다. 비상한 권위가 느껴졌습니다. 모인 무리의 마음을 사로잡았습니다(마 7:28-29).

입을 열어 말씀하셨을 때, 사람들은 그 말씀에 마음의 귀를 기울였습니다. 그것은 하나님 사랑에 대한 갈망이었습니다. 하나님 만나기를 갈망하면 말씀을 사모(思慕)하게 됩니다. 뙤약볕에 목마른 사람이 물을 찾듯이, 며칠 동안 굶주린 사람이 음식을 구하듯이 찾습니다. 말씀이 생명의 양식이고 삶의 지혜이기 때문입니다.

하나님 의지하며 산다는 것이 무엇입니까? 마음이 말씀에 붙들려 산다는 것 아닙니까? 성경이 인격과 삶에 절대적인 영향을 미치는 것이 아닙니까? 진리의 감화를 받아 살아가는 것이 아닙니까?

마음에 무엇이 가득합니까? 사람들은 어디에 땅을 사면 부자가 될 수 있는지, 어떤 주식을 사면 큰돈을 벌 수 있는지 알고 싶어합니다. 그보다 큰 열망으로 말씀에 귀 기울여야 합니다.

그리스도의 사람은 말씀의 사람입니다. 하나님의 뜻을 알고자 하는 갈망으로, 밧모섬의 사도 요한처럼 크게 우는 자들이 되어야 합니다. "그 두루마리를 펴거나 보거나 하기에 합당한 자가 보이지 아니하기로 내가 크게 울었더니"(계 5:4).

산에서 들려주심

산상수훈이 울려 퍼진 곳은 높은 산이 아니었습니다. 언덕 같은 곳이었습니다.* 유명한 장소가 아니었습니다. 왜 사람들 많이 다니던

---

* 본문에 나오는 헬라어 **오로스**(ὄρος)는 어떤 특정한 산(mountain)이 아니라 낮은 언덕(hill) 정도로 해석하는 것이 좋을 것이다. 마태복음 4장 8절이나 24장 3절에서 언급되는 높은 산과는 달리, 이곳은 갈릴리 호수를 향해 완만하게 떨어지는 북서쪽 구릉(hill-country)을 가리키는 것으로 추정하고 있기 때문이며(마 8:1), 무리에게 가르치시기에 적합한 곳이어야 하기 때문이다(눅 6:17). 그럼에도 불구하고 마태가 이 단어를 선택한 이유는 시내산에서 구약의 율법을 받은 모세와 새 언약을 성취하실 예수님을 대조시키기 위한 의도였을 수도 있다. R. T. France, *The Gospel of Matthew*, in *The New International Commentary on the New Testament* (Grand Rapids: Wm. B. Eerdmans Publishing Company, 2007), 156–157; Craig L. Blomberg, *Matthew*, in *The New*

시장 골목이 아니었을까요? 왜 유대인들 즐겨 모이던 회당이 아니었을까요? 왜 산에 올라가 설교하셨을까요?

거기엔 어떤 기적도 없었습니다. 그러나 그것보다 더 큰일이 일어나고 있었습니다.

"예수께서 이 말씀을 마치시매 무리들이 그의 가르치심에 놀라니 이는 그 가르치시는 것이 권위 있는 자와 같고 그들의 서기관들과 같지 아니함일러라"(마 7:28-29).

번잡한 거리에서 불러내셨습니다. 잡다한 세상사에서 마음을 떼어 놓게 하시기 위함이었습니다. 병 고침만으로는 만족할 수 없던 사람들이 따라왔습니다. 말씀에 갈급한 이들을 따로 모으셨습니다. 당신의 설교에 집중하게 해주셨습니다.

이스라엘이 애굽을 탈출한 때였습니다. 모세는 율법을 받기 위해 시내산에 올랐습니다. 산 아래서는 한 사건이 일어났습니다. 이스라엘 백성들과 아론이 금송아지상을 만든 것입니다. 모세가 더디 내려오자 그것이 자기들을 가나안으로 인도할 신이라고 했습니다(출 32:1). 그 앞에 제단을 쌓고 번제와 화목제를 드렸습니다(출 32:6).

American Commentary, vol. 22 (Nashville: Broadman Press, 1992), 97.

하나님께서 진노하셨습니다. 가나안 땅을 주시겠지만, 당신은 이스라엘 백성과 함께 올라가지 않겠다고 하셨습니다(출 33:3). 충격이었습니다. 하나님 없는 가나안 땅이 무슨 의미가 있겠습니까? 그제야 백성들은 크게 슬퍼하였습니다(출 33:4).

그 준엄한 말씀을 들었을 때, 모세가 한 일이 무엇이었는지 아십니까? 그는 회막을 만들었습니다. 그것은 하나님을 갈망하는 사람들이 모일 장소였습니다. 거기서 간절히 기도하게 하기 위함이었습니다. 회막은 이스라엘 진(陣) 밖, 멀리 떨어진 곳에 있었습니다.

"모세가 항상 장막을 취하여 진 밖에 쳐서 진과 멀리 떠나게 하고 회막이라 이름하니 여호와를 앙모하는 자는 다 진 바깥 회막으로 나아가며"(출 33:7).

하나님을 특별히 만나기 위해서는 구별된 장소가 필요합니다. 구별된 마음으로 그분을 간절히 찾기 위함입니다. 거기에 집중하고 방해받지 않기 위해서입니다.

마음의 집중과 은혜의 경험 사이에는 밀접한 관계가 있습니다. 말씀에 집중할 때 은혜받습니다. 무슨 말씀을 받든지 순종하고자 할 때 하나님 만나게 됩니다.

세상과 헤어질 결심이 있을 때, 하나님 만날 마음이 생깁니다. 이렇게 팔복산을 오르는 사람들을 만나 주십니다.

지금 마음이 어디에 있습니까? 세상에 있습니까? 흩어진 마음엔 말씀의 메아리가 없습니다. 세상 사랑에 찢어진 정신으로 어찌 하나님을 뵈옵겠습니까? 마음과 뜻을 다해야 합니다(신 4:29).*

덧없는 세상사에서 잠시 마음을 떼어 내십시오. 마음으로 속세를 잠시 떠나십시오.

팔복산에 오르십시오. 거기서 참된 행복에 관해 말씀하시는 그리스도를 만나십시오. 행복하기를 원하면서 말씀에 귀 기울이지 않는다면 어찌 원하는 것이 진심이겠습니까?

참된 행복에 다다르리라는 희망이 있습니다. 아무리 어두운 현실의 밤을 지날지라도 한 줄기 빛으로 삼으십시오. 하나님 없이 행복해지려는 어리석음을 버리십시오. 얼마나 더 불행해지렵니까?

팔복산을 오르십시오. 불붙는 사랑으로 우리를 만나 주실 것입니다. 긍휼히 여겨 주실 것입니다(호 11:8). 우리가 겪는 불행의 뿌리까지 고쳐 주실 것입니다.

* 하나님은 세상과 겸하여 섬김 받지 않으신다(마 6:24). 그분은 우리의 모든 것이 되셔야 한다(아 8:6). 보물 있는 곳에 마음이 있다(마 6:21).

맺는말

인생을 어떻게 사시렵니까? 하나님 모른 채 살아가던 때처럼 사시겠습니까? 행복해지기를 포기한 채 진리 없이 사시려고 합니까? 지금처럼 살다 죽어도 후회 없으시겠습니까?

그 산에서 참된 행복을 말씀하셨습니다. 수많은 인류가 거기서 살 길을 발견했습니다. 팔복산에서 울려 퍼진 그 말씀은 단지 육체의 필요만을 바라는 사람들에게는 들리지 않았습니다. 영혼의 생명을 갈망하던 자들에게만 들린 음성이었습니다. 그것은 참된 행복을 찾는 사람들에게 빛을 주었습니다(요 21:19).

우리 인생은 소중합니다. 아무렇게나 살기에는 너무 짧고 아주 잘 살아 내기엔 너무 깁니다. 말씀으로 구원받은 것처럼 진리로 참된 행복에 이릅니다. 팔복의 세계에 눈을 뜨십시오. 말씀에 은혜를 받으십시오. 행복이 당신을 기다릴 것입니다. 왜냐하면 지금 이 책을 열며 팔복산에 오르는 당신이, 마지막 장을 덮을 때는, 이전의 그 사람이 아닐 것이기 때문입니다.

팔복산에 오르자

한·눈·에·보·는·1장

I. 들어가는 말

그리스도의 생애는 무지한 자들을 가르치신 일대기였다.
특별히 본문의 가르침은 산 위에서 주어졌기에 산상수훈이라 한다.
산상수훈은 천국 백성이 누구이며, 어떻게 살아야 하는지를 알려 준다.

II. 기독교, 병 고침을 넘어서

예수께서는 사람들의 병과 약한 것을 고쳐 주셨다.
병 고침을 받은 사람들 중 어떤 이들은 집으로 돌아갔다.
그러나 어떤 사람들은 예수 그리스도를 계속 따랐다.
영혼의 문제는 여전히 남아 있었기 때문이다.

III. 인간의 행복

인간은 육체와 영혼을 가진 존재로 창조되었다.
행복해지려면 육체와 영혼이 본래 목적대로 작용하여야 한다.
이를 위해 지상 자원과 천상 자원이 적절히 공급되어야 한다.
예수께서는 당신을 따르는 사람들 내면 깊은 곳을 바라보셨다.
그들의 영혼의 갈급함을 보셨다. 마음이 찢어지는 듯하셨다.
그래서 영혼의 생명인 말씀을 베풀고자 산으로 오르셨다.

Ⅳ. 산에서 들려주신 말씀

예수께서는 진리의 말씀을 쏟아 놓으셨다.
인격화된 진리가 비상한 권위로 선포되었다.
"입을 열어 가르쳐 이르시되"(마 5:2).
이 말씀은 산에 올라온 사람들에게만 들린 말씀이었다.
하나님을 만나기 위해서는 특별한 장소가 필요하다.
특별한 장소가 하나님을 만나게 하는 것이 아니다.
그곳에 나아갈 수밖에 없는 마음이 하나님을 만나게 한다.

Ⅴ. 맺는말

수많은 이들이 팔복산에서 참된 행복을 발견하였다.
그러므로 팔복산에서 울려 퍼지는 말씀을 들으라.
그 말씀으로 영혼의 살림을 받아 행복을 누리길 바란다.

어떤 사람이 큰 빚을 지고 살던 집에서 쫓겨났습니다. 눈보라 몰아치는 추운 겨울날 도와 줄 사람은 없었습니다. 아이들은 울기 시작하고, 갓난아이를 안고 있는 아내의 눈에도 이슬 이 맺힙니다. 지나가던 한 이웃 사람이 그들을 불쌍히 여겨 자기 집으로 가자고 하였습니다. 일단 밤을 지내고 살 방도를 찾아보자고 하였습니다. 이때 도움받은 사람은 그 집에 방이 몇 개인지, 욕실은 있는지 물어보지 않을 것입니다. 침대에서 잘 수 있는지, 바닥에서 자야 하 는지 따지지 않을 것입니다. 그저 진절머 감지덕지하며 따라갈 것입니다. 아무도 의지할 이 없기 때문입니다. 그것이 바로 가난한 마음입니다.

제2장

심령이 가난한 자

"복이 있도다, 그 심령에 파산 선고 받은 자들이여.
왜냐하면 그 하늘나라가 그들의 것이기 때문이다"(마 5:3, KNJ 私譯).

Μακάριοι οἱ πτωχοὶ τῷ πνεύματι,
ὅτι αὐτῶν ἐστιν ἡ βασιλεία τῶν οὐρανῶν.

저자의 설교 '심령이 가난한 자 1', '심령이 가난한 자 2'로 연결됩니다.

들어가는 말

인간은 행복을 찾는 존재입니다. 행복을 추구하는 일을 쉽게 그만두지 않습니다. 살아 있는 것 자체가 더 좋은 상태를 욕망하는 것이기 때문입니다. 따라서 불행하게 된 모든 사람들은 행복해지려다가 그리 된 것입니다.

우리는 소유함으로써 행복에 이를 수 있다고 생각합니다. 불행과 고통이 다만 지상 자원의 결핍에서 오는 것이라고 여깁니다. 오늘날 자본주의 사회에서는 더욱 그렇습니다.

그러나 참된 행복은 소유에 있지 않습니다. 그것은 오히려 사람됨에 있습니다. 인간의 행복은 존재, 곧 어떤 사람이 되느냐에 달려 있습니다.* 심령이 가난한 자는 무엇을 소유한 사람이 아닙니다. 애통하는 자는 지위를 차지한 사람이 아니고, 온유한 자도 재능을 가진 사람이 아닙니다. 팔복의 사람은 '가진 사람'이 아니라 '된 사람'입니다. 그것은 사람됨을 가리킵니다.

인간의 행복

산에 올라가 앉으셨습니다. 무리들이 나아왔습니다. 먼저 참된 행복을 선언하시고 거기로 초대하셨습니다. 하나님이 인간을 창조하시고 복을 주셨던 것처럼(창 1:27-28), 그리스도께서는 재창조하시는 분으로 행복을 선언하셨습니다.

"심령이 가난한 자는 복이 있나니…"(마 5:3).

우리말 성경과 달리, 헬라어 성경에는 '복이 있나니'가 먼저 나옵니다. 여기서 '복되도다.'라는 선언은 그 의미의 뿌리를 구약에 두고 있습니다.

---

* 에리히 프롬, 『소유냐 삶이냐』, 이철범 역 (서울: 동서문화사, 2011), 165-169.

구약에는 '복'(blessing)을 지칭하는 대표적인 단어 둘이 있습니다.**

첫째로, 베라카(בְּרָכָה)의 복입니다(창 1:22, 30:27). 이것은 영적이고 정신적인 것뿐 아니라 물질적인 것까지 포괄하는 행복입니다. 일반적인 섭리의 복(providential blessing)을 포함합니다.*** 육체의 건강, 사업의 번창, 재산의 증가, 자녀의 축복 등이 여기에 속합니다. 이 복은 믿지 않는 사람들도 받을 수 있습니다(창 39:5).

둘째로, 에쉐르(אֶשֶׁר)의 복입니다(시 1:1, 2:12). 이것은 일반적인 섭리의 복보다는 영적인 복(spiritual blessing)을 가리킵니다. 신령한 행복입니다. 이것은 영혼을 만져 주시는 복입니다. 하나님의 자녀들만 누릴 수 있는 행복입니다. 구약성경 시편의 첫 장은 이 행복에 대한 선언으로 시작합니다.

** 베라카(בְּרָכָה)와 에쉐르(אֶשֶׁר)의 의미에 대해서는 다음을 참고하라. Francis Brown, Samuel Rolles Driver, Charles Augustus Briggs, *The Brown-Driver-Briggs Hebrew and English Lexicon* (Peabody: Hendrickson Publishers, 2003), 139; Ludwig Koehler, Walter Baumgartner, *The Hebrew and Aramaic Lexicon of the Old Testament*, vol. 1(א-ט), trans. M. E. J. Richardson (Leiden: Brill, 2001), 161.

*** "심령이 가난한 자는 복이 있나니…"(Μακάριοι οἱ πτωχοὶ τῷ πνεύματι…, 마 5:3). 여기서 '복이 있나니'(μακάριοι)의 원형 마카리오스(μακάριος)는 '행복한, 축복받은, 운이 좋은, 특권을 지닌'의 의미인데, 하나님과의 특별한 관계 속에서 복받은 상태를 뜻한다. Walter Bauer, Frederick W. Danker, William F. Arndt, F. Wilbur Gingrich, eds., *A Greek-English Lexicon of the New Testament and Other Early Christian Literature*, 3rd ed. (Chicago: University of Chicago Press, 2000), 611.

"복 있는 사람은 악인들의 꾀를 따르지 아니하며 죄인들의 길에 서지 아니하며 오만한 자들의 자리에 앉지 아니하고 오직 여호와의 율법을 즐거워하여 그의 율법을 주야로 묵상하는도다"(시 1:1-2).*

'복이 있나니'로 번역된 헬라어(μακάριοι)의 원형 마카리오스(μακάριος)는 시편에 나오는 에쉐르의 복이 있음을 뜻합니다. 팔복은 세속적 복이 아니라 신령한 복을 가리킵니다.

행복은 살아가는 인간 존재의 복된 상태입니다. 참된 행복은 하나님 안에 있습니다. 왜냐하면 인간은 하나님 안에서, 하나님에 의해서, 하나님을 향하여 살도록 창조되었기 때문입니다(롬 11:36).**

하나님을 가까이함이 행복입니다(시 73:28). 모든 불행은 하나님 바깥에서, 하나님 아닌 것에 의해서, 하나님 아닌 것을 향하여 사는 데서 비롯됩니다. 하나님은 만복의 근원이십니다.

---

*   시편 1편의 첫 구절에 나오는 '복 있는'이라는 표현은 팔복의 첫 구절에 나오는 '복이 있나니'와 꼭 닮았다. 시편 1편 1절의 히브리어 본문을 직역하면 다음과 같다. "악인들의 꾀 안에서 행하지 않고, 그 죄인들의 길 안에 서 있지 않으며, (하나님께) 오만한 자들의 자리 안에 거주하지 않는 그 사람의 행복들이여!"(אַשְׁרֵי־הָאִישׁ אֲשֶׁר לֹא הָלַךְ בַּעֲצַת רְשָׁעִים וּבְדֶרֶךְ חַטָּאִים לֹא עָמָד וּבְמוֹשַׁב לֵצִים לֹא יָשָׁב).

**   Jonathan Edwards, "The Importance and Advantage of a Thorough Knowledge of Divine Truth," in *The Works of Jonathan Edwards*, vol. 22, ed. Harry S. Stout (New Haven: Yale University Press, 2003), 86.

가난함이란 무엇인가?

부족한 것이 있다면, 그것은 가장 좋은 상태가 아닙니다. 가난한 것은 무엇인가 결핍된 상태입니다. 그런데 가난한 사람이 행복하다고 말씀하십니다.

모자라는데 좋고, 없는데 행복하다는 것은 역설적입니다. 그러나 이것은 물질과 육체에 관한 것이 아닙니다. 정신과 영혼에 관한 것입니다. 그래서 '심령(心靈)이 가난한 자'라고 하였습니다.

이는 세상 것으로 채워지지 않는 마음을 가진 사람입니다. 하나님을 갈망하기에 목마른 사람입니다.

"심령이 가난한 자는 복이 있나니…"(마 5:3).

여기서 '심령'은 인격의 가장 깊고 은밀한 부분을 가리킵니다.*** 사람의 생각과 정서와 의지까지 주관하는 마음의 핵심적인 자리입니다.

*** '심령'이라고 번역된 헬라어 **프뉴마**(πνεῦμα)는 단수, 여격(dative), 명사로서, '바람, 호흡, 생기, 인격의 한 부분으로서의 영' 등을 의미한다. 특히 여기서는 육체의 감각에 의해 지각되는 사물들과 대조되는 독립적이고 비물질적인 실체로서의 영을 뜻한다. Walter Bauer, Frederick W. Danker, William F. Arndt, F. Wilbur Gingrich, eds., *A Greek-English Lexicon of the New Testament and Other Early Christian Literature*, 3rd ed. (Chicago: University of Chicago Press, 2000), 832-833.

인생의 뿌리가 무엇입니까? 한 사람으로 하여금 그리 살아가게 하는 것이 무엇입니까? 바로 심령이 아닙니까?

거기서 마음이 작용하고 삶 전체가 이끌리는 것이니, 심령은 인격과 생활의 사령부입니다.*

한 사람이 살아온 삶은 그의 마음이 그린 궤적입니다. 은혜의 통치도 죄의 지배도 마음 안에서 이루어집니다. 거룩한 삶에 있어서 성령은 우리와 함께 우리 안에서 일하시지, 우리를 거슬러 우리 바깥에서 일하시지 않습니다.** 여기서 '우리'는 우리 마음의 의지를 가리킵니다. 그래서 인생의 문제는 마음의 문제입니다. 먼저 "심령이 가난한 사람들이 복되다."라고 선언하십니다.*** 우리는 행복하길 원하면서

---

* 김남준, 『마음지킴』 (서울: 생명의말씀사, 2012), 71-72.

** John Owen, *Of the Mortification of Sin in Believers*, in *The Works of John Owen*, vol. 6, ed. William H. Goold (Edinburgh: The Banner of Truth Trust, 1991), 20.

*** '가난한'으로 번역된 헬라어 프토코스(πτωχός)는 '경제적으로 파산한, (거지가 되어) 구걸하는, 다른 사람들의 도움을 의지하는(막 12:42), 비참한(갈 4:9), 추레한, 허름한, 누더기를 걸친(고후 6:10)'이라는 뜻을 지닌 단어다. 이 형용사와 같은 어근의 동사는 프토큐오(πτωχεύω)인데, '극심하게 가난해지다, 거지가 되다.'(고후 8:9)라는 의미다. Walter Bauer, Frederick W. Danker, William F. Arndt, F. Wilbur Gingrich, eds., *A Greek-English Lexicon of the New Testament and Other Early Christian Literature*, 3rd ed. (Chicago: University of Chicago Press, 2000), 896. 고전 헬라어에서는 명사로는 '거지', 형용사로는 '-에 있어서 결핍된, 가난한, 빌어먹는', 부사로는 '가난하게, 모자라게'라는 뜻으로 사용되었다. H. G. Liddell, R. Scott, eds., *A Greek-English Lexicon* (Oxford: Clarendon Press, 1996), 1550.

마음에 대해서는 알려고 하지 않습니다. 이것이 얼마나 어리석은 일입니까?

이 구절의 의미를 생생하게 보여주기 위해 주석가 렌스키(Richard C. H. Lenski, 1864-1936)는 다음과 같이 번역하였습니다.

"심령에 있어서 거지 신세인 사람은 복이 있다. 왜냐하면 천국이 저희 것이기 때문이다."****

비유를 들면 이렇습니다. 어떤 사람이 사업에 실패하여 많은 빚을 지게 되었습니다. 살던 집에서 쫓겨났습니다. 가엾은 아내, 자녀들과 함께 보따리를 들고 거리로 나왔습니다. 때는 추운 겨울이었습니다. 날은 어두워지고 눈보라가 몰아치고 있었습니다. 도와줄 사람은 없었습니다. 아이들은 울기 시작하고, 갓난아이를 안고 있는 아내의 눈에도 이슬이 맺힙니다.

지나가던 한 이웃 사람이 그들을 보았습니다. 불쌍히 여겨 자기 집으로 가자고 하였습니다. 일단 오늘은 따뜻한 집에서 밤을 지내고 살 방도를 찾아보자고 하였습니다. 그때 도움받은 사람은 그 집에 방이

**** "Blessed the beggarly in spirit; for theirs is the kingdom of the heavens." Richard C. H. Lenski, *The Interpretation of St. Matthew's Gospel* (Minneapolis: Augsburg Publishing House, 1964), 183.

몇 개인지, 욕실은 있는지 물어보지 않을 것입니다. 침대에서 잘 수 있는지, 바닥에서 자야 하는지 묻지도 따지지도 않을 것입니다.* 그의 친절에 감지덕지하며 따라갈 것입니다. 아무도 의지할 이 없기 때문입니다.

그것이 바로 가난한 마음입니다. 이는 그냥 가난한 것이 아니라 극빈(極貧)의 상태를 뜻합니다.

우리가 그랬습니다. 혼자 잘 살 수 있었다면 예수 믿지 않았을 것입니다. 누군가의 도움으로 살 수 있었다면 회심하지 않았을 것입니다. 그러나 그럴 수 없었습니다. 그래서 오직 하나님만 의지할 수밖에 없었습니다. 그것이 신앙의 출발점이었습니다.

참으로 회심한 자는 심령에 파산 선고를 받은 사람입니다. 거지 신세가 된 사람입니다. 그 마음 간직하고 있으면 은혜 안에 있는 것이고, 잃어버렸으면 은혜에서 멀어진 것입니다. 우리가 그런 심령으로 하나님을 찾은 것이 언제입니까? 불타는 마음으로 하나님을 만나고 싶어한 적이 언제입니까? 그분의 은혜 없이 살 수 없다는 갈망으로 울부짖으며 간구한 적이 언제입니까?

---

* 김남준, 『설교자는 불꽃처럼 타올라야 한다』 (서울: 생명의말씀사, 2009), 364-365; 김남준, 『바랄 수 없는 날의 믿음』 (서울: 두란노, 2014), 73.

가난한 마음과 믿음

구약에는 '경외하라.'라는 명령이 자주 나옵니다(출 20:20, 신 6:13, 수 4:24). 이것이 여호와 종교의 핵심이었습니다. 그런데 신약에서는 경외에 이르는 길로서 믿음이 제시됩니다. '믿으라.'라는 명령이 자주 등장하는 것이 이 때문입니다(막 1:15, 요 4:21, 14:11).**

심령의 가난함은 믿음이 무엇인지 잘 가르쳐 줍니다. 자신의 비참한 상태를 직시하는 것입니다(시 40:17, 94:17). 하나님말고 도움받을 길이 없다고 확신하는 것입니다. 그분의 불쌍히 여기심에 모든 희망을 거는 것입니다. 자기 바깥으로부터 오는 도움을 간절히 바라는 것입니다. 그것이 가난한 마음입니다.

수로보니게 여인을 생각해 보십시오(마 15:22-28). 그녀는 이방인이었습니다. 딸은 흉악한 귀신이 들려 고통받고 있었습니다. 예수께 나아가 고침 받고자 했습니다. 소리치며 애원했습니다. "…주 다윗의 자손이여 나를 불쌍히 여기소서 내 딸이 흉악하게 귀신 들렸나이다

** 구약에서 경외의 대상은 '하나님'(레 19:14, 25:17), '성소'(레 26:2), '여호와'(출 14:31, 대하 19:9) 등으로 제시되는데, '경외하다.'에 해당하는 히브리어 **야레**(ירא)의 사전적 의미는 '두려워하다, 공포심을 느끼다.'이다. Ludwig Koehler, Walter Baumgartner, *The Hebrew and Aramaic Lexicon of the Old Testament*, vol. 1(א-ט), trans. M. E. J. Richardson (Leiden: Brill, 2001), 432-433.

하되"(마 15:22). 그러나 거들떠보지도 않으셨습니다. 여인의 호소는 계속되었습니다. 부르짖는 소리가 어찌나 소란했던지 제자들까지 나섭니다. 그때 말씀하셨습니다. "…자녀의 떡을 취하여 개들에게 던짐이 마땅하지 아니하니라"(마 15:26).

불쌍한 여인을 개에 비유하셨습니다. 그러나 그녀는 자존심을 내세우지 않았습니다. 마음이 너무 가난해서 내세울 자존심조차 없었기 때문이었습니다. 오히려 거기서 한 줄기 빛을 찾았습니다. 갈망은 더욱 불타올랐습니다.

"여자가 이르되 주여 옳소이다마는 개들도 제 주인의 상에서 떨어지는 부스러기를 먹나이다 하니"(마 15:27).

모욕받아도 매달릴 수밖에 없었습니다. 그리스도 외에는 도움받을 길이 없다고 믿었기 때문입니다. 절대적인 의존의 마음을 보여주었습니다. 그것은 믿음이었습니다. 큰 믿음이었습니다.

딸은 구원받았습니다. "이에 예수께서 대답하여 이르시되 여자여 네 믿음이 크도다 네 소원대로 되리라 하시니 그 때로부터 그의 딸이 나으니라"(마 15:28).

가난한 마음으로 하나님을 찾는 것이 믿음입니다. 믿음은 모든 구원의 희망이 오직 하나님께만 있음을 확신하는 것입니다. 그분을 절대적으로 신뢰하고 의지하는 것입니다.

죄가 들어왔을 때 잃어버린 것이 있습니다. 하나님께 대한 절대 의존의 마음입니다. 그분만 의존하는 마음을 잃어버렸습니다. 이로써 인간은 하나님이 지정해 준 자리를 떠났습니다. 그러자 모든 것을 잃어버렸습니다. 본래의 아름다움과 행복도 함께 잃어버렸습니다.*

가난한 마음은 자기를 신뢰하지 않는 마음입니다. 오직 하나님을 의존하는 마음입니다. 그분의 은혜에 소망을 둔 마음입니다.

파산 선고 받은 마음으로 교회의 문을 두드리던 때를 생각해 보십시오. 인생의 벼랑 끝까지 내몰린 채 부르짖던 때를 회상해 보십시오. 붉은 피가 흐르는 십자가 아래서 흐느끼던 때를 회상해 보십시오.

지금은 어떤 마음입니까? 인생은 여전히 어렵고 영혼은 어두운 밤을 지나는데, 왜 지금은 가난한 마음으로 하나님을 찾지 않습니까? 왜 그때처럼 파산한 심령으로 십자가를 바라보지 않습니까? 왜 그때처럼 몸부림치지 않습니까? 가난한 심령에서 열렬한 기도가 나오고, 감격스러운 예배가 드려집니다. 그 마음 없이 하나님을 섬길 수 없습니다. 거지 신세가 된 마음으로 드리는 기도는 하늘 보좌를 움직입니다.

심령이 가난한 자를 도우십니다. 죄 지었으면 용서해 주시고, 미련하면 지혜를 주십니다. 무능하면 유능하게 하시고, 가진 것이 없으면 채워 주십니다. 애오라지 하나님만 의존하는 마음이야말로 참된 행

---

* 김남준, 『구원과 하나님의 계획』 (서울: 부흥과개혁사, 2009), 29.

복의 진수입니다. 기도 속에서 피 어린 외침이 사라질 때, 부요한 마음에 뿌려진 죄의 씨앗은 불의한 삶으로 추수됩니다.

인생은 돌에 부딪히며 흘러가는 계곡물과 같습니다. 흐르는 물소리는 물이 돌들에 부딪히는 소리입니다. 어디에 살든지 문제가 없는 때는 없습니다. 상황에 부딪히며, 때로는 신음하고 흐느끼고 비명을 지릅니다. 이럴 때마다 가난한 심령으로 하나님 찾지 않으면, 인생의 고통은 운명이 됩니다. 가난한 마음 없이 참된 행복에 이르지 못합니다.

심령이 가난한 자의 행복

심령이 가난한 자들을 부자 되게 해주겠다고 말씀하지 않으셨습니다. 단지 천국이 그들의 것이라고 하셨습니다. 천국은 부족한 것이 없는 나라입니다. 세상의 풍요를 능가하는 완전한 기쁨과 만족의 나라입니다. 하나님 때문에 최고의 행복을 누리는 나라입니다. 그래서 심령이 가난한 자들은 모든 것을 가진 사람들입니다.* 이미 그 나라를 누리고 있기 때문입니다.

---

* Jonathan Edwards, *A Charity and Its Fruits*, in *The Works of Jonathan Edwards*, vol. 8, ed. Paul Ramsey (New Haven: Yale University Press, 1987), 366-397. 여기에 나와 있는 15번 설교를 참고하라.

"…천국이 그들의 것임이요"(마 5:3).**

천국은 사랑의 나라입니다. 심령이 가난한 자는 그 나라를 소유한 사람입니다. 이미 하나님 사랑 안에 있기 때문입니다. 최고의 행복은 하나님을 즐거워하는 데 있습니다(시 21:1, 33:21). 그것은 천국의 질서 안에서 사는 기쁨이니 하나님 사랑의 질서를 누리는 것입니다. 가난한 심령으로 그 나라를 누립니다.

심령이 가난한 자가 소유하게 될 하나님의 나라는 두 가지 측면에서 생각해 볼 수 있습니다. 미래적 측면과 현재적 측면입니다.

첫째로, 미래적 측면입니다. 하나님 나라는 종말에 온전히 이루어질 것입니다. 그리스도께서 다시 오시는 날, 우리를 모든 죄와 비참에서 구원하실 것입니다. 그때 모든 피조물은 고통에서 해방될 것입니다(롬 8:21). 악은 영원히 심판받고 마귀는 완전히 멸망할 것입니다. 땅과 하늘에서 하나님의 통치는 완전히 이루어질 것입니다. 그 나라를 물려주실 것입니다. 이러한 종말에 대한 소망으로 오늘을 살아갑니다.***

** 헬라어 성경은 이 구절을 이렇게 표현한다. "왜냐하면 그 하늘나라가 그들의 것이기 때문이다"(ὅτι αὐτῶν ἐστιν ἡ βασιλεία τῶν οὐρανῶν). 이 문장은 명백하게 이유를 나타내는 접속사 **호티**(ὅτι)와 직설법 현재형의 동사 **에스틴**(ἐστιν)으로 이루어졌다. 심령이 가난한 사람들이 현재적으로 이미 천국을 소유하고 있음을 보여준다.

*** 김남준, 『깊이 읽는 주기도문』 (서울: 생명의말씀사, 2019), 156–161.

제2장 심령이 가난한 자 47

둘째로, 현재적 측면입니다. 하나님 나라는 이미 왔습니다. 종말에 이루어질 하나님 나라가 이미 세상 나라 속에 침투해 들어왔습니다. 현재적으로 그 나라를 누리기에 미래에 대한 확신으로 현실을 살아갑니다.* 우리 안에 계신 성령이 그 보증이십니다(엡 1:13-14). 지금 누리는 은혜의 기쁨과 충만한 생명이 그 증거입니다. 심령이 가난한 사람들이 그것들을 누립니다. 미래에 누릴 천국을 바라보며, 현재 이루어진 천국을 누리면서 오늘을 살아 낼 힘을 얻는 것입니다. 천국을 바라보고 누림으로써 우리는 세상 사람들과 다른 삶을 살아갈 수 있습니다.

지금 그 나라를 누림

지금은 경제적으로 부유해졌지만, 60년대 우리나라는 매우 가난했습니다. 하루 세끼를 먹지 못하는 이들이 도시에도 허다했습니다. 그러니 아이들에게 변변한 간식이 있을 리 없었습니다.

그 시절, 배고픈 아이들이 모여서 놉니다. 땅따먹기, 구슬치기에 몰두합니다. 잘 씻지도 않고 잘 먹지도 못해서 꾀죄죄한 아이들이 올

---

* 김남준, 『깊이 읽는 주기도문』, (서울: 생명의말씀사, 2019), 153-156.

망졸망 모여서 놀이를 합니다. 그때 손수레를 끌고 오는 엿장수의 가위 소리가 들립니다. 아이들은 엿장수 주위로 몰려듭니다.

엿장수는 엿판에서 아주 작은 엿조각을 떼어 냅니다. 줄 서 있는 아이들 입에 하나씩 넣어 줍니다. 단 것이 귀하던 시절, 아이들 입안으로 들어온 엿조각은 그야말로 단맛의 신세계를 선사합니다. 엿장수는 고물을 가져오면 더 많은 엿을 줄 것이라고 말합니다. 단맛을 본 아이들의 눈에는 모든 것이 고물로 보입니다. 할머니의 고무신, 부뚜막 위의 찌그러진 냄비, 강아지 밥그릇, 형이 보다 마루에 놓아둔 책까지….**

심령이 가난한 자에게 천국을 주십니다. 그 나라의 감격과 기쁨을 미리 맛보여 주십니다. 종말에 누릴 행복이 얼마나 놀라울지를 미리 알게 하십니다. 교회와 함께 그 나라를 미리 누리게 하셔서, 그곳을 더욱 사모하게 하십니다. 세상에서 하나님 나라를 맛봅니다. 그 힘으로 죄악된 세상을 거슬러 살아갑니다. 밤하늘의 불꽃처럼 살아갑니다. 그렇게 사는 신자가 세상의 빛입니다.

기도로 엎드릴 때 세상을 이길 힘을 주십니다. 신음하는 소리에 귀를 기울이십니다. 우리는 하나님을 기뻐하고, 하나님은 우리 때문에 기쁨을 이기지 못하십니다(습 3:17). 이것이 우리가 반드시 다시 찾아야 할 행복입니다.

** 김남준, 『염려에 관하여』 (서울: 생명의말씀사, 2020), 203.

우리는 어디서 와서 어디로 가고 있는 것일까요? 애쓰며 살아가는데 왜 행복하지 않은 것일까요? 행복하기를 원하는 것만큼 밀려오는 고통을 어떻게 극복하며 살 수 있을까요?

하나님 안에서 누리는 생명과 사랑이 답입니다. 그 힘으로 세상을 이기고 역경을 헤쳐 나아가야 합니다. 가난한 심령으로 천국을 누리기에, 슬픔을 극복할 사랑이 있고 결핍을 견뎌 낼 생명이 있습니다.

맺는말

심령은 세상에 있는 것들로 채워지지 않습니다. 오직 하나님으로만 채워질 수 있습니다. 은혜가 아니면 만족할 수 없습니다. 심령이 가난한 사람들은 하나님을 간절히 찾습니다(시 77:2).

부요한 심령이기에, 먹어도 주리고 마셔도 목마릅니다. 온 마음 다해 하나님을 찾지 않기 때문입니다. 가난한 심령으로 돌아가십시오. 첫사랑의 때처럼, 타는 듯한 목마름으로 은혜의 보좌로 나아오십시오. 교만한 마음에 울고, 부요한 심령에 가슴을 치십시오. 그런 사람은 이미 천국을 소유한 사람입니다. 왜냐하면 그가 바로 심령에 파산 선고를 받은 사람이기 때문입니다.

심령이 가난한 자

한·눈·에·보·는·2장

I. 들어가는 말

사람들은 소유함으로 행복할 수 있다고 생각한다.
그러나 참된 행복은 그의 '존재', '사람됨'에 달렸다.

II. 인간의 참된 행복

구약에는 복을 지칭하는 두 단어가 있다.
첫째로, 넓은 의미의 복인 #베라카#다.
영적이고 정신적이고 물질적인 복을 가리킨다.
둘째로, 좁은 의미의 복인 #에쉐르#다.
신자만이 누리는 신령하고 영적인 복을 가리킨다.
본문의 복에 해당하는 #마카리오스#는 #에쉐르#의 복이다.
예수께서는 그 복을 심령이 가난한 자에게 주신다.
"심령이 가난한 자는 복이 있나니…"(마 5:3).

III. 심령의 가난함

'심령'은 사람의 인격의 가장 깊고 은밀한 자리다.
생각과 정서, 의지를 주관하는 핵심적인 자리다.
'가난한'은 '파산한', '구걸하는', '비참한'을 뜻한다.
비참에서 벗어나는 길이 하나님 외에는 없다는 마음이다.
심령이 가난한 사람은 하나님을 절대적으로 의존한다.
이것이 믿음이고 신앙의 출발점이다.

IV. 천국을 누리는 복

가난한 마음은 하나님만 의존하고 그분의 은혜에 소망을 둔다.
예수께서는 가난한 자들에게 천국을 주시겠다 하신다.
"…천국이 그들의 것임이요"(마 5:3).
천국은 하나님이 다스리시는 완전한 기쁨과 만족의 나라다.
그 나라는 두 측면에서 살펴보아야 한다.
첫째로, 예수께서 다시 오시는 날 이뤄질 미래적 측면이다.
둘째로, 신자가 지금 이 땅에서 누리는 현재적 측면이다.
하나님은 심령이 가난한 자들에게 천국을 맛보여 주신다.
그 나라의 감격과 기쁨을 사라질 이 땅에서 누리게 하신다.
그럼으로써 미래의 그날을 더욱 사모하게 하신다.

V. 맺는말

행복을 어디에서 찾고 있는가.
가난한 마음으로 하나님을 찾으라.
그분 안에 있는 참된 행복을 누리길 바란다.

하나님 앞에 우는 자가 깨달은 자입니다. 다윗은 크나큰 범죄를 저질렀습니다. 선지자에게 책망을 받고 하나님 만나기 위해 제사를 드려보았지만 소용이 없었습니다. 밤마다 탄식함으로 눈물로 침상을 띄우고 요를 적시며 회개했습니다. 죄 짓고 떠난 건 자신이었지만, 스스로 돌아갈 수는 없었습니다. 그래서 하나님이 돌아와 주시도록 애통하였습니다. 그때 그는 하늘에 가득 찬 영광을 본 철학자도 아니었고, 수많은 전쟁터에서 승리한 장수도 아니었습니다. 한 나라를 통치하던 임금도 아니었습니다. 사망의 골짜기에서 상처받아 찢긴 채 죽어 가고 있는 한 마리 어린 양에 불과하였습니다. 후일에 그는 범죄보다 회개로 소문난 사람이 되었습니다.

제3장

애통하는 자

"복이 있도다. 애통하는 자들이여.
왜냐하면 그들이 위로를 받을 것이기 때문이다"(마 5:4, KNJ 私譯).

μακάριοι οἱ πενθοῦντες,
ὅτι αὐτοὶ παρακληθήσονται.

저자의 설교 '애통하는 자의 복 1', '애통하는 자의 복 2'로 연결됩니다.

들어가는 말

심령이 가난한 사람은 하나님만 의지합니다. 은혜 주시기를 고대하며 기다립니다(시 40:1). 하나님 만나기를 사모합니다. 그때 하나님과의 관계를 가로막고 있는 것을 봅니다. 자신의 죄를 발견합니다. 그것이 자기 책임이라고 확신하게 됩니다.*

---

* 자신 안에 있는 죄를 인식하지 못하는 것은 영적인 무지와 무감각 때문이다. 이것은 은폐하고 위장하는 죄의 효과다. "(신자의) 마음속에 그리스도께서 살아 계시니, 그분이 기뻐하거나 슬퍼하시는 일에 대해 사무치는 정동(情動)이 일어나는 것은 지극히 당연합니다." 김남준, 『교회와 그리스도의 남은 고난』 (서울: 생명의말씀사, 2015), 148.

사랑은 크고 위대하지만, 죄는 그것을 느끼지 못하도록 가로막습니다. 우리와 하나님 사이를 갈라놓습니다(사 59:2). 화목을 깨뜨려 하늘 자원을 누리지 못하게 합니다. 스스로 죄를 짓지만 자기가 해결하지는 못합니다. 죄에서 해방될 용서와 죄 짓지 않을 은혜가 필요합니다. 이것을 깨달을 때 울 수밖에 없습니다. 그래서 심령이 가난한 자는 애통합니다.

죄 때문에 애통함

슬퍼하는 사람들은 많습니다. 누구나 인생길에서 많은 눈물을 흘리고 고통을 겪기 때문입니다. 돌이킬 수 없는 실수에 뼈아프고, 피할 수 없었던 실패에 쓰라리기도 합니다. 산다는 것이 수고와 슬픔이 아니면 무엇이겠습니까?(시 90:10)

여기서 말씀하시는 애통(哀痛)은 그런 의미가 아닙니다. 세속적인 이유가 아니라 신앙적인 이유 때문에 우는 것입니다. 비록 인간적인 연약함 때문에 울기 시작했을지라도 그 울음 속에서 하나님을 바라보며 우는 것입니다. 육신적인 이유로 시작했으나 결국 신령한 이유로 울게 되는 것입니다. 이것이 진정으로 하나님 앞에 애통하는 것입니다. 애통하는 이유는 죄와 하나님 나라 때문입니다.

"애통하는 자는 복이 있나니…"(마 5:4).*

첫째로, 죄 때문입니다. 거룩하신 하나님 앞에 설 때, 불결한 자신을 보게 됩니다. 죄악덩어리임을 깨닫게 됩니다. 자신의 불결함과 하나님의 거룩하심의 무한한 격차에서 오는 슬픔을 느낍니다. 가까이 하기에는 너무 먼 하나님이시기 때문입니다. 그럼에도 불구하고 하나님 없이 살 수 없습니다. 마음 다해 용서를 빌게 됩니다. 이때 아프게 울지 않을 수 없습니다(사 6:5). 죄로 비참함에도 불구하고 하나님과의 교제 속에 있기를 원합니다. 이런 사람은 자신뿐만 아니라 또한 이웃의 죄 때문에 슬피 웁니다.

'은둔자이자 교회의 박사'로 불리던 초대 교회의 교부 히에로니무스(Eusebius Sophronius Hieronymus, 347-420)는 말했습니다.

---

* '애통하는'으로 번역된 헬라어 **펜쑨테스**(πειθοῦντες)는 '슬퍼하다. (죄를 확신하고) 슬퍼하다. (사악한 자의 힘 때문에) 괴로워하다.'라는 의미의 동사 **펜쎄오**(πειθέω)의 현재 분사, 능동태, 남성, 복수다. 이 동사는 '어떤 상황이나 환경의 결과로 슬픔을 겪다.'라는 의미로, 내적인 것과 외적인 것을 모두 포함한 슬픔(마 9:15), 자기가 저지른 죄에 대한 슬픔(고전 5:2)을 가리키기도 한다. 또한 의로운 자를 억압하는 사악한 자의 세력 때문에 우는 것을 가리키기도 한다. Walter Bauer, Frederick W. Danker, William F. Arndt, F. Wilbur Gingrich, eds., *A Greek-English Lexicon of the New Testament and Other Early Christian Literature*, 3rd ed. (Chicago: University of Chicago Press, 2000), 795.

"여기서 애통하는 것은 자연의 공통된 법칙을 따라 죽은 자들을 위해서 우는 것이 아니라 (영적) 죽음의 죄와 허물을 위해 우는 것이다."*

바울은 회개하지 않는 교인들 때문에, 울음이 터질 것 같았습니다 (고후 12:21). 이것은 특별한 슬픔에 대한 두려움이었습니다. 얼마나 큰 슬픔이 있으면 두려움까지 느꼈을까요? 거룩하신 하나님 앞에서 느끼는 슬픔의 심오한 깊이를 보여주지 않습니까?

경건한 에스라는 성전 앞에 엎드린 채 울었습니다(스 10:1). 왜 성전에 들어가지도 못한 채 그 앞에서 울어야 했습니까? 이스라엘 백성들이 범죄했기 때문이었습니다. 그가 울며 죄를 자복했을 때 그 자신과 이스라엘의 죄는 나뉘지 않았습니다. 하나님 앞에 있었기 때문입니다. 백성들의 죄를 자기 죄로 여겨 슬피 울었던 것입니다. 백성을 두고 자기를 위하여, 자기를 두고 백성을 위하여 슬피 울었던 것입니다.

이것은 일반적인 슬픔이 아닙니다. 특별한 비참(悲慘)의 설움입니다. 비상한 비통입니다. 가슴이 찢어지도록 아픈 슬픔입니다. 이것은 거룩한 절망감입니다. 하나님을 떠나게 만드는 것이 아니라, 그분께

---

* "Luctus hic non mortuorum ponitur communi lege naturae, sed peccatis et uitiis mortuorum." Hieronymus, *Commentariorum in Matheum Libri IV*, in *Corpus Christianorum Series Latina*, vol. 77 (Turnholti: Brepols, 1969), 24-25.

매달리게 하는 절망감입니다. 자신에게 절망하고 오직 하나님께 희망을 갖는 것입니다.

예루살렘이 멸망했을 때, 예레미야가 그렇게 슬피 울었습니다. 밤에 통곡하였습니다. 커다란 고통이 그를 압도했고, 하염없이 흐르는 눈물이 그의 뺨을 적셨습니다(애 1:2). 그의 슬픔은 눈물이 되어 강물처럼 흘렀습니다. "지나가는 모든 사람들이여 너희에게는 관계가 없는가 나의 고통과 같은 고통이 있는가 볼지어다…"(애 1:12).

"이로 말미암아 내가 우니 내 눈에 눈물이 물같이 흘러내림이여 나를 위로하여 내 생명을 회복시켜 줄 자가 멀리 떠났음이로다…"(애 1:16).

그가 왜 그렇게 슬피 애통했을까요? 죄를 해결할 수 없어서였습니다. 형벌이 두려워서가 아니었습니다. 잃어버린 하나님 사랑 때문에 슬피 울었던 것입니다. 경건한 슬픔에 마음이 찢어질 때, 울부짖는 기도는 영혼을 뒤덮은 어둠에 내려치는 벼락이 됩니다.

하늘문은 사람의 재주와 기술로 열리지 않습니다. 가난한 심령으로 애통하는 기도로 열립니다. 뿌리 깊은 죄는 깃털 같은 기도에 흔들리지 않습니다. 돌 같은 마음이 어찌 그런 기도에 녹아내릴 수 있겠습니까?

죄는 인간이 짓고, 용서는 하나님이 하십니다. 죄를 깨달은 자는 애통하지 않을 수 없습니다. 심령이 가난한 사람들은 이런 눈물이 가득 찬 사람들이고, 애통하는 사람들은 그 눈물 보따리가 터져 버린 사람들입니다.

누군가 내게 "목회가 무엇이냐."고 묻는다면 나는 대답하겠습니다. "마음에 눈물이 그렁그렁한 것."

참신자는 그 마음이 그리스도의 핏방울에 떠 있는 사람입니다. 예수님 흘리신 눈물 방울 끝에 매달려 있는 존재입니다. 죄 때문에 애통할 때 이런 사실을 깨닫습니다.

애통하는 사람은 회개하는 사람입니다. 하나님 앞에 우는 자가 깨달은 자입니다. 많은 사람이 은혜 안에 살지 못합니다. 죄가 많아서가 아니라 회개가 없기 때문입니다.

다윗은 크나큰 범죄를 저질렀습니다. 밧세바를 범하였습니다(삼하 11:4). 그 일을 감추고자 충성스러운 신하였던 밧세바의 남편 우리아를 죽게 하였습니다(삼하 11:17). 선지자에게 책망을 받았습니다. 그 소문은 온 나라에 퍼졌습니다.

하나님 만나기 위해 제사를 드려보았지만 소용이 없었습니다(시 51:16). 천천의 숫양이나 만만의 강물 같은 기름으로 죄를 해결할 수 없었습니다(미 6:7). 하나님이 원하시는 것은 정의와 인자, 겸손이었는데, 범죄하자 그렇게 살 수 없었습니다(미 6:8). 범죄한 다윗은 이미 그런 사람됨을 잃어버렸기 때문입니다.

그는 하나님 앞에 금식하며 매달렸습니다. 밤마다 탄식함으로 눈물로 침상을 띄우고 요를 적시며 회개했습니다(시 6:6-7). 후일에 그는 범죄보다 회개로 소문난 사람이 되었습니다. 어떻게 그렇게 될 수 있었습니까? 회개했기 때문입니다. 그는 애통하였습니다. 용서를 구하며 울었습니다. 죄 짓고 떠난 건 자신이었지만, 스스로 돌아갈 수는 없었습니다. 그래서 하나님이 돌아와 주시도록 애통하였습니다.

> "…여호와여 어느 때까지니이까 여호와여 돌아와 나의 영혼을 건지시며 주의 사랑으로 나를 구원하소서"(시 6:3-4).

그때 그는 하늘에 가득 찬 영광을 본 철학자도 아니었고(시 57:10), 수많은 전쟁터에서 승리한 장수도 아니었습니다(삼하 8:6, 14). 뛰놀며 노래하는 여인들의 칭송을 받던 자도 아니었습니다(삼상 18:7). 한 나라를 통치하던 임금도 아니었습니다. 사망의 골짜기에서 상처받아 찢긴 채 죽어 가고 있는 한 마리 어린 양에 불과하였습니다.

신자가 자신의 죄 때문에 울고, 교회가 세상의 죄를 대신해 애통할 수 있다면 얼마나 좋을까요? 설교자는 불꽃처럼 타오를 것입니다. 신자들은 예배의 감격에 빠질 것입니다. 하나님의 깊은 사랑을 경험할 것입니다.

우리에게 가슴을 찢는 애통이 있습니까? 회개가 있습니까? 왜 오늘날은 그렇게 통곡할 수 없습니까?

복음은 애통하는 신자들의 눈물을 타고 세상에 흘러갑니다. 눈물 쏟는 교회만이 순교의 피를 흘려 보낼 수 있으니, 그 피의 강물을 타고 예수 생명이 흐릅니다. 그 핏강이 황야 같은 세상을 가로지를 때, 하나님을 거역하던 세상은 순종하는 교회로 변합니다.

하나님 나라 때문에 애통함

둘째로, 아직 이루어지지 않은 하나님 나라 때문입니다. 팔복은 하나님 나라와 관련됩니다. 고난도 기쁨도 그러합니다. 하나님 나라 때문에 애통하는 것입니다. 그리스도의 오심과 함께 이미 세상에 임했으나 아직 실현되지 않은 하나님의 통치 때문에 우는 것입니다(마 6:10).

그리스도께서는 죄가 없으셨습니다. 자신의 죄 때문에 슬퍼할 이유가 없으셨습니다. 그럼에도 불구하고 그분의 생애는 애통하는 슬픔과 기도의 연대기였습니다. 우리 죄와 하나님 나라 때문에 울면서 사셨습니다.

신약에는 '우셨다.'라는 표현이 3회나 나옵니다(눅 19:41, 요 11:35, 히 5:7). 현실이 하나님 뜻과 같지 않았기에 우셨습니다. 때로는 심한 통곡과 눈물로 기도하셨습니다.

"그는 육체에 계실 때에 자기를 죽음에서 능히 구원하실 이에게 심한 통곡과 눈물로 간구와 소원을 올렸고 그의 경건하심으로 말미암아 들으심을 얻었느니라"(히 5:7).

그것은 십자가를 피하게 해 달라는 기도가 아니었습니다. 죄로 인해 멸망하는 인류 때문에 부르짖는 통곡이었습니다. 그들의 구원을 위한 애통이었습니다.

세상을 이처럼 사랑하셨기 때문입니다(요 3:16). '심한 통곡과 눈물'로 그 사랑을 보여주셨습니다. 가난한 심령, 핏빛 설움으로 우리 위해 울어 주셨습니다.

존 오웬(John Owen, 1616-1683)은 이 구절을 자신의 『히브리서 강해』(*An Exposition of the Epistle to the Hebrews*)에서 다음과 같이 해석합니다.

> "주님의 통곡은, 비록 복음서 안에서는 명시적으로 언급되지 않았으나 그분도 짊어지셔야 했던 우리 인간 본성의 연약함들 중 하나를 반영하는 것이었다. '예수께서 눈물을 흘리시더라'(요 11:35). 주님은 당신의 슬픔을 그렇게 표현하셨다. 그리고 그때 크나큰 고통, 갈등과 슬픔 속에 계셨으니, 이는 그것들이 죽음에 이르는 슬픔이 되기까지 그분의 영혼에 다다른 것이었다. 이것이 바로 그분이 하나님께 매달리실 때 기도와 함께 눈물을 쏟으셨다고 언급된 바다."*

---

* John Owen, *An Exposition of the Epistle to the Hebrews*, vol. 4, in *The Works of John Owen*, vol. 20, ed. William H. Goold (Edinburgh: The Banner of Truth Trust, 1991), 504.

하나님의 이름이 거룩히 여김 받기를 바라셨습니다. 그 나라가 임하기를 사모하셨습니다. 뜻이 하늘에서 이루어진 것같이 땅에서도 이루어지길 갈망하셨습니다(마 6:9-10). 그러나 현실은 그렇지 않았습니다. 그래서 애통하셨습니다.

그리스도인이 된다는 것은 이 통곡을 아는 것입니다. 믿는 자는 그분의 눈물이 무엇인지를 압니다. 시인도 그런 눈물을 흘렸습니다.

"그들이 주의 법을 지키지 아니하므로 내 눈물이 시냇물같이 흐르나이다"(시 119:136).

시인은 애통하였습니다. 얼마나 많이 울었으면 눈물이 시냇물처럼 흘렀을까요? 자신의 불행 때문이 아니었습니다. 하나님의 법을 지키지 않는 사람들 때문이었습니다. 그들 때문에 업수이 여김을 받는 하나님의 이름 때문이었습니다. 그는 어린아이처럼 울었습니다. 무엇이 그의 눈물을 멈추게 할 수 있을까요? 그의 소원은 소박했습니다. 그들이 하나님 뜻대로 사는 것이었습니다. 그런 세상에 사는 것이었습니다. 그렇지 않았기에 통곡을 그칠 수 없었습니다.

우리에게 이런 애통이 있습니까? 하나님 없이 살아가는 사람들 때문에 흘리는 눈물이 있습니까? 가슴 저미는 통곡이 있습니까?

하나님 나라를 그리워하는 자가 애통합니다. 세상은 자기 죄를 깨닫지 못합니다. 스스로 울지 못합니다. 그러니 대신 울어 주어야 하지 않겠습니까? 우리가 아니면 누가 애통해 주겠습니까? 그럴 수 없다면 우리가 더 불쌍한 사람들이 아니겠습니까?

애통하는 자의 행복

애통하는 자들은 복됩니다. 왜냐하면 하나님의 위로(慰勞)를 받을 것이기 때문입니다. 신령한 이유로 애통하였으니 신령한 방식으로 위로해 주실 것입니다. 이것이 애통하는 자의 행복입니다.

"…그들이 위로를 받을 것임이요"(마 5:4).*

그러면 애통하는 자는 어떤 방식으로 위로를 받을까요? 하나님이 함께해 주심으로 위로를 받습니다. 하나님은 애통하는 사람들 곁에

---

* 본문에서 '위로를 받을 것임이요'라고 번역된 헬라어 **파라클레쎄손타이**(παρακληθήσονται)는 '누군가에게 용기와 명랑함이 깃들게 하다. 위로하다. 격려하다. 분발하게 하다.'라는 뜻을 가진 동사 **파라칼레오**(παρακαλέω)에서 온 단어(고후 1:4, 7:6 등)로 미래형, 수동태, 3인칭 복수, 직설법, 목적격이다. 이 단어는 '옆에서, 곁에서'를 의미하는 전치사 **파라**(παρά)와 '부르다.'의 뜻을 지닌 동사 **칼레오**(καλέω)의 합성어다(고후 1:4, 7:6 등). Walter Bauer, Frederick W. Danker, William F. Arndt, F. Wilbur Gingrich, eds., *A Greek-English Lexicon of the New Testament and Other Early Christian Literature*, 3rd ed. (Chicago: University of Chicago Press, 2000), 764–765.

함께 있어 주심으로 위로하십니다. 위로는 삼위일체 하나님 중 성령의 고유한 사역입니다(행 9:31).* 성부는 사랑을, 성자는 은혜를, 성령은 위로를 주심으로써 하나님의 자녀답게 살게 하십니다.**

절친인 벗은 나의 사정에 공감하거나 동정할 수 있습니다. 도움을 줄 수도 있습니다. 그러나 사람의 위로에는 한계가 있습니다. 필요한 것은 하나님의 무한한 위로입니다.

애통하는 사람은 하늘 위로를 받습니다. 사랑의 성품을 맛보게 하십니다(시 34:8). 그 사랑의 힘으로 현실을 감당하며 살게 하십니다. 그들은 세상에서뿐만 아니라 하늘에서 더 큰 위로를 받을 것입니다. 그 날에, 애통하던 자들은 완전한 위로를 받을 것입니다. 더 이상 아파하지도, 눈물 흘리지도 않을 것입니다.

---

*　성령의 또 다른 별칭으로서 우리말 조어(造語)인 '보혜사'(保惠師)는 **파라칼레오**($παρακαλέω$)의 명사형인 **파라클레토스**($παράκλητος$)의 번역이다(요 14:16, 26, 15:26, 16:7). 옆에서 중재자처럼 보호해 주고(保), 부모처럼 돌보아 주고(惠), 스승처럼 가르쳐 주는(師) 분이시라는 뜻이다. 원래 이 단어는 '다른 사람을 위하여 나타나는 사람, 중재자, 간구자, 조력자'라는 의미가 있다. Walter Bauer, Frederick W. Danker, William F. Arndt, F. Wilbur Gingrich, eds., *A Greek-English Lexicon of the New Testament and Other Early Christian Literature*, 3rd ed. (Chicago: University of Chicago Press, 2000), 766.

**　John Owen, *Of Communion with God the Father, Son, and Holy Ghost*, in *The Works of John Owen*, vol. 2, ed. William H. Goold (Edinburgh: The Banner of Truth Trust, 1990), 19, 47, 222.

"모든 눈물을 그 눈에서 닦아 주시니 다시는 사망이 없고 애통하는 것이나 곡하는 것이나 아픈 것이 다시 있지 아니하리니 처음 것들이 다 지나갔음이러라"(계 21:4).

우리는 늘 강하지는 않습니다. 강함과 약함은 종이 한 장 차이입니다. 기쁘고 즐거운 때가 있으면 슬프고 고통스러운 때도 있습니다. 하나님을 사랑할수록 죄 때문에 아프고 하나님 나라 때문에 애통하게 됩니다. 하나님은 이런 사람과 함께하셔서 위로하십니다.

바울은 뛰어난 신학자였고 놀라운 은혜의 사람이었습니다. 죽은 자도 살리던 능력의 사람이었습니다(행 20:9-10). 그러나 그도 두려워 떨던 때가 있었습니다(고전 2:3). 살 소망이 끊어진 것 같은 때가 있었습니다(고후 1:8). 그때 그를 살린 것은 하나님의 위로였습니다.

"찬송하리로다 그는 우리 주 예수 그리스도의 하나님이시요 자비의 아버지시요 모든 위로의 하나님이시며 우리의 모든 환난 중에서 우리를 위로하사 우리로 하여금 하나님께 받는 위로로써 모든 환난 중에 있는 자들을 능히 위로하게 하시는 이시로다 그리스도의 고난이 우리에게 넘친 것같이 우리가 받는 위로도 그리스도로 말미암아 넘치는도다"(고후 1:3-5).

마음이 괴로울 때는 교회를 찾습니다. 스스로 해결할 수 없는 문제를 진 채 예배당에 들어옵니다. 자신의 힘으로 어찌할 수 없어 하나님께 매달립니다. 기도하는 것밖에 길이 없기에 마음을 쏟아 놓습니다.

아무도 없는 예배당, 의자에 앉자마자 눈물이 쏟아집니다. 우는 것 말고 할 것이 없습니다. 말도 나오지 않습니다. 그저 어린아이처럼 흐느낄 뿐입니다. 그런데 어느덧 기도가 깊어집니다. 멀리 계시던 하나님이 가깝게 느껴지고, 낯설던 교제가 친밀하게 됩니다.

비로소 자기가 얼마나 큰 죄인인지 깨닫게 됩니다. 어떻게 큰 은혜를 주셔서 여기까지 인도해 주셨는지를 회상하며 가슴 아파합니다. 그리고 이렇게밖에 살지 못하는 자신을 보며 애통하게 됩니다. 받은 은혜에 가슴 아파하고 지은 죄에 슬퍼하게 되니, 이 둘을 겹친 비애에 우리 마음은 야위어 갑니다.

자기 때문에 그리스도께서 고난받으셨음을 생각하게 됩니다. 교회에 올 때 가지고 온 기도 제목은 잊어버립니다. 애통합니다. 자신의 죄와 이 세상에 아직 이뤄지지 않은 하나님 나라 때문에 웁니다.* 비탄의 눈물로 앉았던 자리가 흠뻑 젖습니다. 그때 하나님이 함께하신

---

* "신자는 이러한 고통의 경험을 통하여 자기 심판을 통해 지정된 처벌이 실행되는 것을 경험하게 됩니다. 일반적으로 범죄한 신자의 마음에는 이미 내적인 고통이 시작됩니다. …진실하게 참회하는 신자는 자신이 지은 죄에 대한 형벌을 그리스도의 십자가에서 봅니다. 이러한 고통은 율법만이 아니라 오히려 복음을 통하여 이루어집니다." 김남준, 『자기 깨어짐』 (서울: 생명의말씀사, 2019), 211.

다는 사실을 깨닫게 됩니다(눅 15:31). 같이 있어 주신다는 사실만으로 위로를 받습니다. 하나님이 애통하는 마음을 어루만져 주십니다. 눈물 속에서 새 힘이 생깁니다. "나의 힘이신 여호와여 내가 주를 사랑하나이다"(시 18:1).

슬피 울어도 상황은 변한 것이 없습니다. 그러나 현실을 감당할 힘이 생깁니다. 하나님의 위로 때문입니다. 애통하는 자와 함께하십니다. 당신의 품 안에서 우는 사람들 마음 안에서 함께 울어 주십니다. 그들을 위로하십니다.

구원받지 못한 영혼들을 위해 찢어진 마음으로 통곡한 것이 언제입니까? 우리에게 애통함이 있습니까? 교회를 위한 흐느낌이 있습니까? 금방이라도 터질 것 같은 눈물 보따리가 있습니까? 마음을 탁 풀어서 한껏 울게 할 슬픔이 있습니까?

"천국에서도 그 이별을 잊지 못할 것 같다. 다시는 되풀이하고 싶지 않은 단장(斷腸)의 경험이었다. …지금도 그날을 떠올리면 마음이 미어진다. …1893년 3월 3일 밤, 연약한 한 인간으로서의 내 삶은 산산이 부서져 다시는 고침을 받지 못했다. 그러나 나는 그분으로 족했다."**

** Elisabeth Elliot, *A Chance to Die: The Life and Legacy of Amy Carmichael* (Grand Rapids: Revell, 1987), 64.

일평생 인도 선교를 위해 헌신한 북아일랜드의 선교사 에이미 카마이클(Amy Carmichael, 1867-1951)이 남긴 글입니다. 주님의 부르심을 받고 첫 선교지 중국으로 떠나던 날 사랑하는 사람들과의 기약 없는 이별은 52년의 세월이 지난 후에도 큰 아픔으로 남아 있었던 모양입니다.

그러나 그녀는 보이지 않는 영원을 누렸습니다. 84세의 일기로 인도 땅에 잠들 때까지 그녀는 하나님의 넘치는 위로와 세심한 돌보심 가운데 살았습니다.

맺는말

오늘날 우리의 신앙생활은 '철가슴 돌마음 경연대회'를 하는 것 같습니다. 교회 오래 다닌 사람들이 입상권에 드는 것 같습니다.* 그런 우리를 보며 그리스도께서는 애통하셨는데 말입니다. 오, 우리를 불쌍히 여기소서!

언제부턴가 마음이 부요해졌습니다. 은혜에서 멀어지자 죄와 가까워졌습니다. 경건한 슬픔은 사라지고 세속의 기쁨이 마음을 차지했

---

* 김남준, 『하나님의 깊은 사랑을 경험하라』 (서울: 생명의 말씀사, 2012), 16.

습니다. 옛날처럼 세상의 성공에 웃고 실패에 우는 사람이 되었습니다. 하나님 대신에 자기 위로를 받으며 살게 되었습니다.

하루에 두 번씩 펑펑 울 수 있다면 얼마나 좋을까요? 십자가의 사랑을 기억하고 울고, 잃어버린 영혼들을 위해 통곡할 수 있다면 얼마나 좋을까요?** 우리 영혼은 얼마나 아름다워질까요?

하나님 앞에서 울지 않기에 세상 앞에서 우는 것입니다. 눈물이 없는 신앙생활은 영적으로 죽은 것입니다. 마음이 하나님을 떠나 있기 때문입니다. 무엇을 위해 애통해야 할까요?

예수님을 알기 전에는 세상에 있는 것들을 갖지 못해서 슬퍼했습니다. 그러나 지금은 그것들을 배설물로 여깁니다(빌 3:8). 그리스도를 사랑하기 때문입니다.

이제는 죄 때문에 울고 하나님 나라 때문에 애통해야 하지 않겠습니까?

첫 회심의 때를 기억해 보십시오. 마음이 가난했습니다. 죄 때문에 울었고, 하나님 나라 때문에 애통하였습니다. 성도들과 함께 드리는 심한 통곡과 눈물의 기도는 교회를 덮고 있는 어두운 영의 장막을 찢어 버렸습니다. 하나님의 위로는 비처럼 내리고 우리 마음은 하늘 행복으로 가득 찼습니다.

** 김남준, 『교사 리바이벌』 (서울: 생명의말씀사, 2018), 130.

약속한 적 없었지만, 우리는 토요일 밤마다 모였습니다. 함께 섬기는 선생님들은 나와 같이 아이들의 이름 부르며 기도했습니다. 자신의 죄와 회심하지 않은 영혼들을 위해 울었습니다. 울음소리는 예배당에 가득했고 애통한 마음에 피멍 들도록 가슴을 쳤습니다. 그때 우리 모두에게 말씀하시는 듯하였습니다. "울지 마라. 울지 마라. 내가 너희의 마음을 안다."

긴 세월이 흘렀는데도, 그때 애통하던 기억은 지금도 눈물이 샘솟게 합니다. 아아, 조국 교회가 다시 그 눈물로 돌아갈 수 있다면 얼마나 좋을까요?

애통하는 자

한·눈·에·보·는·3장

I. 들어가는 말

심령이 가난한 자들은 하나님 뵙기를 사모한다.
그때 하나님과의 관계를 막고 있는 죄를 발견하게 된다.
인간은 죄를 스스로의 힘으로 해결할 수 없다.
그러기에 애통하지 않을 수 없다.
"애통하는 자는 복이 있나니…"(마 5:4).

II. 애통하는 이유

팔복의 사람들이 애통하는 이유는 두 가지다.
첫째로, 자신의 죄와 이웃의 죄 때문이다.
하나님 앞에서 자신의 죄와 이웃의 죄는 나뉘지 않는다.
자신의 불결과 주님의 거룩함 앞에서 무한한 격차를 느끼게 된다.
그러면 마음이 물같이 쏟아져 애통하지 않을 수 없다.
하나님과의 화목을 돌이키는 길은 회개밖에 없다.
당신에게는 회개의 눈물이 있는지 살펴보라.
둘째로, 아직 이루어지지 않은 하나님의 나라 때문이다.
하나님을 사랑하는 사람들은 그분의 통치를 그리워한다.
그분의 뜻이 이 땅에서 이루어지기를 갈망한다.
그렇지 못한 현실을 마주할 때 애통할 수밖에 없다.

III. 애통하는 자의 행복

애통하는 자에게는 복이 있다.
"…그들이 위로를 받을 것임이요"(마 5:4).
'위로를 받다.'라는 말은 '옆에서 부르다.'라는 뜻이다.
하나님은 애통하는 자들과 함께하심으로 위로하신다.
하나님이 함께하실 때 그분의 사랑을 맛본다.
사랑은 하늘의 힘이다. 그것으로 현실을 감당하며 살아간다.
더욱이 예수 재림의 날, 온전한 위로가 주어질 것이다.
더는 아프지 않을 것이며, 눈물은 흐르지 않을 것이다.
우리는 그날을 바라보며 오늘을 살아간다.

IV. 맺는말

우리 안팎에 애통할 거리가 얼마나 많은가.
하나님 앞에서 애통하는 신앙을 회복하라.
눈물 없는 신앙생활은 영적으로 죽은 것이다.

팔복은 마땅히 본받아야 할 그리스도의 인격을 보여줍니다. 팔복은 예수님의 자기 성품에 대한 여덟 개의 선언입니다. 이에 대해 교부 오리게네스는 다음과 같이 말합니다. "그러므로 주 예수 그리스도는, 이 모든 팔복을 당신 자신 안에서 우리에게 보여주셨다. 그것을 닮기 위하여 우셨으니, 이는 그가 친히 말씀하시길 '애통하는 자는 복이 있나니'라고 하셨음이며, 또한 팔복의 기초들을 놓으시기 위함이었다."

팔복의 온유함을 그리스도에게서 봅니다. 심지가 곧 피하고 싶으셨습니다. 그러나 아버지께 맡기셨습니다. 자기를 죽음에서 건지실 하나님을 의지하셨습니다. 운명하시는 순간에도, 당신의 영혼을 아버지께 부탁하셨습니다. 마치 털 깎는 자 앞에 잠잠한 어린 양과 같으셨습니다. 이것이 그분이 보여주신 온유함입니다.

제4장

온유한 자

"복이 있도다, 온유한 자들이여.
왜냐하면 그들이 그 땅을 기업으로 받을 것이기 때문이다"(마 5:5, KNJ 私譯).

μακάριοι οἱ πραεῖς,
ὅτι αὐτοὶ κληρονομήσουσιν τὴν γῆν.

저자의 설교 '온유한 자의 복 1', '온유한 자의 복 2'로 연결됩니다.

들어가는 말

하나님은 애통하는 자와 함께하십니다. 하나님 앞에서 우는 자들을 위로하십니다. 그들과 함께 있어 주셔서 마음을 어루만져 주십니다.

그들은 영혼의 만족을 얻습니다. 사람들을 향해 너그럽고 친절하게 됩니다. 그것이 온유함입니다. 하나님과의 화목에서 비롯됩니다(갈 5:23). 온유함은 신자의 인격 안에서 맺는 성령의 열매입니다. 그것은 무엇을 소유하거나 행하는 것이 아닙니다. 사람됨입니다. 그리스도께서는 온유함으로 참사람의 본보기가 되어 주셨습니다. 그분 닮게 하시려고 우리를 죄에서 구원해 주셨습니다.

온유함이란 무엇인가?

온유(溫柔)함은 '사람의 표정이나 성질이 온화하고 부드러운 것'입니다.* 오늘날 이 성품은 높은 평가를 받지 못합니다. 오늘날 같은 치열한 경쟁 사회에서는 패배와 낙오를 의미하기 때문입니다. 때로는 온유함이 우유부단하고 용기 없는 것으로 오해됩니다. 그러나 온유함은 연약한 것도 아니고 줏대가 없는 것도 아닙니다.**

> "온유한 자는 복이 있나니…"(마 5:5).

본성적으로 유순한 사람이 있습니다. 그것은 팔복에서 말하는 온유함이 아닙니다.

팔복의 인격은 타고난 성품이 아닙니다. 신령한 은혜로 변화된 성품입니다. 온유함은 선천적인 온순함이 아닙니다. 선에 대한 열정도, 악에 대한 분노도 없는 무정념(無情念, *apatheia*)의 상태는 더욱 아닙니다.

---

* 고려대학교 민족문화연구원 국어사전편찬실 편, 『고려대 한국어대사전(ㅂ-ㅇ)』 (서울: 고려대학교 민족문화연구원, 2011), 4526.

** William Hendriksen, *New Testament Commentary: Exposition of the Gospel According to Matthew* (Grand Rapids: Baker Book House, 2004), 272.

온유하다는 것은 다른 사람에 대해 이타적이고 부드러운 성격을 가진 것을 뜻합니다.*** 또한 온유함은 '점잖은', '겸손한', '사려 깊은'이라는 의미가 있습니다. 고전 헬라어에서는 말(馬)과 같은 동물이 사람에게 길들어 온순하게 된 상태를 뜻하기도 하였습니다.****

이 단어의 구약적 배경도 비슷합니다. 이는 억압받는 사람들의 순종적 태도를 가리키지 않습니다. 인격적 성품을 뜻합니다. 타인에 대해 자신의 권한을 남용하지 않는 것입니다. 태도가 오만하거나 억압적이지 않음을 뜻합니다.*****

모세를 생각해 보십시오. 그는 본성적으로는 온유함과 거리가 먼 사람이었습니다. 혈기로 애굽 사람을 죽이기까지 했습니다(출 2:14). 그러나 미디안에서 약 40년, 광야에서 약 40년간 연단받으면서 점차로 변해 갔습니다(출 16:35, 행 7:30, 36). 온유한 사람으로 다듬어져 갔습니다.

*** '온유한'으로 번역된 헬라어 프라우스(πραύς)는 '자기를 지나치게 중요하게 여기는 감정에 사로잡히지 않은 마음의 특성을 가진'이라는 뜻이다. Walter Bauer, Frederick W. Danker, William F. Arndt, F. Wilbur Gingrich, eds., *A Greek-English Lexicon of the New Testament and Other Early Christian Literature*, 3rd ed. (Chicago: University of Chicago Press, 2000), 861.

**** H. G. Liddell, R. Scott, eds., *A Greek-English Lexicon* (Oxford: Clarendon Press, 1996), 1459.

***** R. T. France, *The Gospel of Matthew*, in *The New International Commentary on the New Testament* (Grand Rapids: Wm. B. Eerdmans Publishing Company, 2007), 166.

"이 사람 모세는 온유함이 지면의 모든 사람보다 더하더라"(민 12:3).*

팔복은 그리스도 자신의 성품에 대한 체험을 담고 있습니다. 그분은 성화(聖化)를 통해 순결해지실 필요가 없었습니다. 죄가 없으셨기 때문입니다. 그분은 원래 팔복의 사람이시면서도 더욱 완전한 팔복의 사람이 되어 가셨습니다. 하나님으로서는 모르시는 것이 없었지만, 사람으로서는 배워 가셔야 했기 때문입니다. "그가 아들이시면서도 받으신 고난으로 순종함을 배워서 온전하게 되셨은즉…"(히 5:8-9).

팔복은 마땅히 본받아야 할 그리스도의 인격을 보여줍니다. 팔복은 예수님의 자기 성품에 대한 여덟 개의 선언입니다. 이에 대해 교부 오리게네스(Origenes, 185경-253경)는 『누가복음 설교』(*Homiliae in Lucam*)에서 다음과 같이 말합니다.

"그러므로 주님이 이 모든 팔복을 당신 자신 안에서 우리에게 보여주셨다. (그것을) 닮기 위하여 우셨으니, 이는 그가 친히 말씀하시기를 '애

---

* 이 구절의 히브리어 원문을 직역하면 다음과 같다. "그리고 그 사람 모세는 그 땅의 지면 위에 있는 그 모든 사람들보다 매우 온유하였다"(וְהָאִישׁ מֹשֶׁה עָנָו מְאֹד מִכֹּל הָאָדָם אֲשֶׁר עַל־פְּנֵי הָאֲדָמָה). 우리말 성경에서 명사 '온유함'으로 번역된 것이 원문에는 형용사 **아나우**(עָנָו)로 나온다. 이 단어는 '괴로움을 당한, 비참한, 온유한, 겸비한'이라는 뜻이다. Wilhelm Gesenius, *Gesenius' Hebrew and Chaldee Lexicon to the Old Testament Scriptures*, trans. Samuel Prideaux Tregelles (Grand Rapids: Baker Book House, 1984), 643.

통하는 자들은 복이 있나니'라고 하셨음이며, 또한 팔복의 기초들을 놓으시기 위함이었다."**

팔복의 온유함을 그리스도에게서 봅니다. 십자가를 피하고 싶으셨습니다(마 26:39). 그러나 하나님께 맡기셨습니다. 자기를 죽음에서 건지실 하나님을 의지하셨습니다(히 5:7). 운명하시는 순간에도 당신의 영혼을 아버지께 부탁하셨습니다(눅 23:46). 마치 털 깎는 자 앞에 잠잠한 어린 양과 같으셨습니다(사 53:7).

한때 우리는 공중의 권세 잡은 자를 따르던 사람들이었습니다(엡 2:2). 세상 욕심에 휘둘려 사는 사람들이었습니다. 타고난 거친 성품이 거룩하게 길들여지지 않은 사람들이었습니다. 그런 성품으로 살면서 많은 사람들에게 상처를 주었습니다. 자신을 반성할 줄 몰랐습니다. 그런 우리를 십자가 은혜로 살리셨습니다(엡 2:1). 자녀 삼아 주셨습니다. 말씀과 은혜로 성숙하게 하셨습니다. 하나님을 알고 사랑하게 하셨습니다.

** "*Omnes igitur beatitudines in semetipso Dominus ostendit. Ad quam similitudinem etiam illud quod dixerat, Beati flentes, ipse flevit, ut hujus quoque beatitudinis jaceret fundamenta.*" Origen, *Homiliae in Lucam 38*, in *Patrologia Graeca, Cursus Completus*, vol. 13, ed. J. P. Migne (Paris: Excudebatur et venit apud J. P. Migne, 1862), 1897.

그리스도를 본받게 하셨습니다. 그 길이 행복임을 알게 하셨습니다. 착한 마음을 주셔서 흐르는 물에 돌멩이 다듬어지듯 온유한 성품이 되어 가게 하셨습니다.

그리스도를 보며 자기의 모난 성품에 아파하게 하셨습니다. 포악한 성품이 변하여 선한 마음으로 이웃을 사랑하게 하셨습니다. 너그럽고 부드러운 사람이 되게 하셨습니다.

그것은 옛 본성의 개선이 아닙니다. 성령의 열매입니다. 은혜로 주신 새 본성입니다. 말씀과 신령한 은혜로 변화된 거룩한 인격입니다.

온유한 자의 특성

심령의 가난함과 애통함은 하나님을 향한 것입니다. 그러나 온유함은 하나님과 사람들을 향한 것입니다. 온유한 자의 특성은 다음과 같습니다.

첫째로, 하나님을 향해서입니다. 온유함은 하나님 안에서 쉼을 얻은 영혼의 표지(標識)입니다. 그분 섭리에 자신을 온전히 맡긴 데서 오는 평안함입니다. 그분의 뜻을 받아들인 마음입니다.

그는 겸비한 사람입니다. 하나님의 말씀을 듣고 마음이 부드러워진 사람입니다. 옷을 찢고 통곡하여도 자기가 겪는 고난을 부당하게 여기지 않는 사람입니다(왕하 22:19).

그는 거기에 하나님의 뜻이 있다고 믿습니다. 하나님이 세상은 바꾸시지만 당신의 뜻은 변경하지 않으신다고 확신합니다.* 선하심과 자비하심을 믿으며 하나님을 신뢰합니다. 고난 속에서도 희망을 잃지 않습니다. 어떤 상황에서든지 그분의 뜻을 받아들일 준비가 되어 있습니다.

원하는 바가 있다면 간절히 기도하십시오. 최선을 다하십시오. 그러나 이뤄지지 않아도, 상황을 받아들일 수 있는 마음을 가지십시오. 참된 믿음은 희망을 갖는 것입니다. 그 희망으로 자신을 설득하는 것입니다(시 42:11, 43:5). 절망은 희망으로 설득되지 않는 마음의 막다른 골목입니다.

온유한 사람은 현실을 받아들입니다. 하나님 때문에 희망을 잃지 않기 때문입니다. 그분의 뜻을 믿기 때문입니다. 선하심과 인자하심을 의지하기 때문입니다. 그는 슬픈 일을 만날 때 하나님 앞에서 웁니다. 연약한 자로 흐느낍니다. 그래서 강하나 부드럽고 단호하지만 따뜻한 사람이 됩니다.

둘째로, 사람을 향해서입니다. 온유함은 겁먹어 기죽은 것이 아닙니다. 자기 이익을 위해 아부하거나 우유부단하게 행동하는 것이 아

---

* Aurelius Augustinus, *Confessiones*(1.4.4), in *Corpus Christianorum Series Latina*, vol. 27 (Turnholti: Brepols, 1996), 2.

닙니다. 거룩한 꿋꿋함과 연단된 성숙함을 가진 성품입니다. 사람에게 부드럽고 친절합니다. 너그럽고 관대합니다.

온유한 사람은 자기가 죄인임을 압니다. 그럼에도 불구하고 용서하시고 사랑해 주신 것을 잊지 않습니다(딤전 1:15). 그 사랑의 마음이 온유하게 합니다. 과분한 은혜를 받았기에 꾸어 준 이 없이 빚진 자로 삽니다(롬 1:14). 온유함과 겸손함은 늘 어깨동무하고 다닙니다(마 11:29).

하나님 사랑은 반드시 하나님과 사람을 사랑하게 합니다(마 22:37-40). 이것은 아가페(ἀγάπη) 사랑에 대한 반응입니다. 이것을 까리따스(caritas)의 사랑이라고 합니다. 이로써 삶의 질서는 새롭게 재편됩니다. 이것을 '지순애'(至純愛)라고도 하는데, 오직 하나님 사랑이 동기가 되어 하나님과 이웃을 순수하게 사랑하는 것입니다. 이처럼 하나님의 사랑과 사람의 사랑은 하나의 지평(地平)으로 통합됩니다.* 그래서 하나님 사랑하는 자는 사람을 사랑합니다.

요셉을 생각해 보십시오. 아버지 야곱에게는 눈에 넣어도 아프지 않은 아들이었습니다. 악한 형들 때문에 애굽에 팔려 갔습니다. 보디

---

* "한 죄인이 하나님의 **아가페**(ἀγάπη)를 경험하게 될 때 그 사랑에 대한 반응으로서 신자 안에 **에로스**(ἔρως)와는 또 다른 사랑이 생겨나게 되는데, 이것을 **까리따스**(caritas)의 사랑이라고 부릅니다. 이것은 구원 경험을 통하여 하나님의 아가페를 경험하였기 때문에 신자 안에 새롭게 생겨난 사랑으로 하나님을 사랑하고, 그 사랑 때문에 하나님께서 사랑하시는 이웃들을 사랑하는, 자기의 이익에 집착하는 모든 이기심을 버린 사랑입니다." 김남준, 『신학공부, 나는 이렇게 해왔다 1』 (서울: 생명의 말씀사, 2016), 68.

발의 집에서 종으로 지냈습니다. 낯선 땅에서 산전수전을 모두 겪으며 긴 세월을 보내야 했습니다. 자기가 왜 그런 일을 겪어야 하는지 몰랐습니다. 그때마다 현실을 받아들였습니다. 하나님을 믿었기 때문입니다. 어디서든 주어진 본분에 충실하였습니다(창 39:6).

그는 억울한 누명을 쓰고 감옥에 갇히기까지 했습니다(창 39:20). 그러나 낙망하지 않았습니다. 오직 하나님을 의지했습니다. 온유한 마음으로 살았습니다. 겪는 고난의 의미를 다 알지 못했습니다. 그러나 아무도 원망하지 않았습니다. 하나님을 신뢰했기 때문입니다. 하나님의 섭리를 받아들였기에 온유한 자로 악을 이길 수 있었습니다. 요셉은 주신 계시의 비전을 믿었고(창 37:9), 하나님은 동행해 주셨습니다(창 39:2, 3, 21, 23).

자기에게 악을 행했던 형들도 용서했습니다. 섭리를 믿었기에 미워하지 않을 수 있었습니다. 복수하는 대신 사랑했습니다. 그는 온유함에 있어서 그리스도의 그림자가 되었습니다.

"요셉이 그들에게 이르되 두려워하지 마소서 내가 하나님을 대신하리이까 당신들은 나를 해하려 하였으나 하나님은 그것을 선으로 바꾸사 오늘과 같이 많은 백성의 생명을 구원하게 하시려 하셨나니 당신들은 두려워하지 마소서 내가 당신들과 당신들의 자녀를 기르리이다 하고 그들을 간곡한 말로 위로하였더라"(창 50:19-21).

온유한 사람은 '무골호인'(無骨好人)이 아닙니다. 온유함은 악한 일에 분노하고 불의와는 싸웁니다. 악에 굴복하지 않는 꿋꿋함과 불의와 타협하지 않는 기개가 있습니다. 하나님을 사랑하는 인격에서 나오는 것이니, 온전한 사랑은 두려움을 내쫓기 때문입니다(요일 4:18).

그리스도의 자기소개를 보십시오. "나는 마음이 온유하고 겸손하니 나의 멍에를 메고 내게 배우라…"(마 11:29). 그래서 그분이 나약하셨습니까? 그렇지 않습니다. 잘못된 일에 침묵하지 않으셨습니다. 성전에서 돈 바꾸는 자들의 상을 뒤엎으셨습니다. 노끈으로 채찍을 만드셔서 양과 소를 내쫓으셨습니다(요 2:14-16). 자신을 죽이려는 헤롯왕을 '저 여우'라고 질타하셨습니다(눅 13:32).

스데반은 성령 충만한 사람이었습니다. 그는 어떤 나쁜 일도 하지 않았습니다. 오직 진리를 말한다는 이유만으로 돌로 쳐 죽임을 당했습니다. 숨을 거두면서 하나님께 드린 그의 기도는 그리스도인의 온유함이 무엇인지를 보여줍니다.

"그들이 돌로 스데반을 치니 스데반이 부르짖어 이르되 주 예수여 내 영혼을 받으시옵소서 하고 무릎을 꿇고 크게 불러 이르되 주여 이 죄를 그들에게 돌리지 마옵소서 이 말을 하고 자니라"(행 7:59-60).

스데반은 자기를 돌로 치는 자들을 용서했습니다. 마음이 온유하였기 때문입니다. 그것은 십자가에서 기도하시던 그리스도의 마음이었습니다(눅 23:34). 사랑 때문에 원수도 불쌍히 여기는 마음이었습니다.

팔복을 말씀하신 후 선언하셨습니다. "너희는 세상의 소금이니… 너희는 세상의 빛이라…"(마 5:13-14). 그것은 현재적 사실의 선언이었습니다. 앞으로 그런 사람이 되라는 것이 아니었습니다. 온유하지 않은 사람이 어찌 세상의 소금이며 빛일 수 있겠습니까? 그러나 은혜 안에 살지 않는다면 어찌 온유한 자로 남아 있겠습니까?

매일 말씀과 성령으로 은혜받아야 할 이유가 여기에 있습니다. 자신은 죽고 그리스도가 다시 사셔야 합니다. 은혜 안에서 살기를 힘써야 합니다. 지속적인 자기 깨어짐 속에서 온유함은 인격의 꽃으로 피어납니다(갈 2:20).*

온유한 자의 행복

온유한 사람들이 복되다고 선언하십니다. 왜냐하면 그들이 땅을 기업으로 받을 것이기 때문입니다.

---

* "자기 깨어짐이란 신자 안에 있는 부패한 자기 사랑이 파괴되는 것을 의미하는데, 이는 죄에 대한 사랑과 거기에 기반을 둔 자기의(自己義)에 대한 신뢰가 파괴되는 것이다." 김남준, 『자기 깨어짐』(서울: 생명의말씀사, 2019), 24.

"…그들이 땅을 기업으로 받을 것임이요"(마 5:5).*

'기업'(基業)이란 말이 풍부한 의미를 가지고 등장한 것은 가나안 땅을 정복할 때입니다. 하나님은 아브라함을 택하셨습니다. 그리고 땅과 자손을 약속하셨습니다(창 13:14-17).

이것은 당대에 이루어질 약속이 아니었습니다. 자손은 점차 번성했지만 땅은 미래에 주어질 것이었습니다.

아브라함은 후손들에게 이 약속을 바라보며 살게 하였습니다(히 11:8-10).

땅을 주시겠다는 약속의 실행은 애굽으로부터의 탈출로 구체화되었습니다. 가나안에 도착한 이스라엘은 전쟁을 앞두고 지파별로 땅

---

* '기업으로 받을 것임이요'라고 번역된 헬라어의 동사 원형은 **클레로노메오**(κληρονομέω)로서 '상속자가 되다. (어떤 것을) 소유하게 되다.'라는 뜻이다. Walter Bauer, Frederick W. Danker, William F. Arndt, F. Wilbur Gingrich, eds., *A Greek-English Lexicon of the New Testament and Other Early Christian Literature*, 3rd ed. (Chicago: University of Chicago Press, 2000), 547. 여기서 '기업'이라는 말은 헬라어로 **클레로스**(κλῆρος)인데, 문자적 의미로는 '몫, 분깃(lot), 유산(inheritance)'을 뜻한다. 이는 일차적으로 '땅'을 가리키지만(민 16:14, 36:2-3), 땅만을 의미하는 것이 아니라 조상들로부터 받은 '유산, 명예, 지위'까지를 포함한다. 신약에서는 그리스도로 말미암아 하나님의 기업의 상속자가 된 성도들이 누리게 될 영광스러운 은혜를 가리킨다(골 1:12). Gerhard Kittel, Geoffrey W. Bromiley, eds., *Theological Dictionary of the New Testament*, vol. 3 (Grand Rapids: Wm. B. Eerdmans Publishing Company, 1974), 758-764.

을 제비 뽑았습니다(수 18:10). 각 지파에 할당된 땅은 다시 족속별로 분할되고, 다시 가문별로, 가족별로 나눠졌습니다(수 19:1). 그렇게 해서 받은 땅이 '기업'입니다. 이스라엘은 가나안 원주민들을 몰아내고 그 땅을 차지하였습니다. 광야의 방황을 끝내고 그곳에서 정착하였습니다.

땅을 주시겠다는 약속은 단순히 재산에 대한 약속이 아니었습니다. 그것은 애굽의 종살이와 광야의 방황을 끝내고 안식을 누리리라는 약속이었습니다.

땅은 선물인 동시에 쉼이었습니다. 그것은 하나님 때문에 누리는 평화였습니다(레 25:2). 심령적 평화일 뿐 아니라 육체적 평화였습니다. 땅을 기업으로 받음으로, 대적으로부터 불시에 공격받을 위협이 사라진 것입니다.**

"그러므로 네 하나님 여호와께서 네게 기업으로 주어 차지하게 하시는 땅에서 네 하나님 여호와께서 사방에 있는 모든 적군으로부터 네게 안식을 주실 때에 너는 천하에서 아말렉에 대한 기억을 지워 버리라 너는 잊지 말지니라"(신 25:19).

** Elmer A. Martens, *God's Design: A Focus on Old Testament Theology* (Grand Rapids: Baker Book House, 1994), 113-114.

가나안 땅을 기업으로 받은 이스라엘에는 새로운 방식의 삶이 요구되었습니다.* 땅을 선물하신 하나님의 계획이 있었기 때문입니다. 그것이 무엇인지 구체적으로 보여준 것이 바로 출애굽기와 레위기, 민수기, 신명기의 주요 내용입니다.

더 이상 땅 때문에 가난한 사람이 착취당하지 않아야 했으며(신 15:2), 음행과 탐욕으로 땅을 더럽히지 말아야 했습니다(레 18:25). 왜냐하면 그 땅은 하나님을 경배하고 백성들이 행복을 누리는 나라가 되어야 했기 때문입니다(레 23:43, 신 16:11, 14). 세워질 이스라엘은 이뤄질 하나님 나라의 맛보기가 되어야 했기 때문입니다.

거기서 누리는 평화는 사람들이 하나님 사랑으로 돌아간 질서였습니다. 그 질서 안에서 공동체를 이루어야 했으니, 정의는 그 사랑으로 실현될 것이었습니다. 이것이 바로 이스라엘에게 가나안 땅을 기업으로 주신 목적이었습니다.

가나안 땅에서 누리는 평화는 인류가 그리스도 안에서 누리게 될 안식의 예표였습니다. 아브라함에게 땅을 주시겠다는 약속은 인류

---

* 그것은 곧 구원받은 신자가 땅이신 그리스도 안에서 안식을 누리게 되었으니, 이제 새로운 방식의 삶을 살아야 하는 것과 같다. 그것은 세상에서 살고 있으나 세속으로부터 하나님을 향하여 구별된 삶을 사는 것이다. 이로써 하나님의 통치 안에서 참 행복을 누리는 것이다. Elmer A. Martens, *God's Design: A Focus on Old Testament Theology* (Grand Rapids: Baker Book House, 1994), 114.

에게 예수 그리스도를 주시리라는 언약이었습니다. 땅은 곧 그리스도였습니다.

온유한 사람은 땅을 기업으로 받을 것입니다. 그러나 세상 사람들과는 다른 방식으로 땅을 차지합니다. 이것을 좀 더 자세히 살펴보도록 하겠습니다.

히브리인의 사유에서는 땅과 거기 사는 사람이 분리되지 않습니다.** 둘은 운명 공동체처럼 창조되었기 때문입니다. 하나님은 첫 사람의 육체를 땅의 흙으로 만드셨습니다(창 2:7). 둘째 사람은 그 사람의 몸의 일부로 지으셨습니다. 하늘과 땅, 땅과 사람은 불가분의 관계가 되었습니다.

그 후에 땅과 인간의 관계는 하나님과의 관계를 보여주었습니다. 땅을 보면 하나님과 어떤 관계를 맺고 있는지를 알 수 있었습니다. 사람들이 악을 행하면 땅도 더러워졌습니다(레 18:27). 악이 한계치에 도달하면 땅은 사람들을 토해 버립니다(레 18:28). 이와 반대로 죄에서 돌이키면 땅도 고침을 받습니다.

** '땅'으로 번역된 헬라어 게(γῆ)의 히브리어 동치어는 에레츠(אֶרֶץ)다. 그런데 에레츠는 '땅'뿐만 아니라 '(하늘과 대조되는 의미로서의) 땅, 세상의 나라'를 가리키기도 하였고(창 1:1, 2:1, 4, 출 3:8), '거주민 등을 위해 제공된 땅'을 가리키기도 하였다(사 26:18, 66:8). 그리고 '땅의 거주민'을 뜻하기도 하였다(창 9:19, 11:1, 19:31). Wilhelm Gesenius, *Gesenius' Hebrew and Chaldee Lexicon to the Old Testament Scriptures*, trans. Samuel Prideaux Tregelles (Grand Rapids: Baker Book House, 1984), 81.

"내 이름으로 일컫는 내 백성이 그들의 악한 길에서 떠나 스스로 낮추고 기도하여 내 얼굴을 찾으면 내가 하늘에서 듣고 그들의 죄를 사하고 그들의 땅을 고칠지라"(대하 7:14).

온유한 사람이 반드시 물리적인 땅을 차지하지는 않습니다. 그러나 땅에 사는 사람들의 마음을 정복해 갑니다. 그들 사는 세상이 하나님 나라 되게 합니다. 이는 온유한 사람이 세상에 미치는 감화력을 보여줍니다.

예수께서 사셨던 삶을 생각해 보십시오. 그분에게는 단 한 평의 땅도 없었습니다. 머리 둘 곳조차 없는 생애를 사셨습니다(마 8:20). 어느 땅에도 소유의 깃발을 꽂지 않으셨습니다. 그렇지만 그분의 나라는 지금도 확장되고 있습니다. 더 많은 사람들이 하나님 사랑으로 돌아오고 있기 때문입니다. 이것이 그리스도께서 땅을 정복해 나가시는 방식입니다.

온유한 자는 이런 방식으로 땅을 유업으로 받습니다. 복음을 전하던 사도들을 생각해 보십시오. 사도들은 지상의 땅을 갖고자 하지 않았습니다. 그들의 관심은 땅 위에 사는 사람들에게 있었습니다. 그 사람들의 마음에 관심이 있었습니다. 그들의 마음이 하나님 것 되기를 바랐기 때문입니다. 그때 그들이 행복하게 될 것을 믿었기 때문입니다. 그래서 가진 것을 버리고, 목숨까지 바치길 마다하지 않았습니다.

하나님의 계획은 땅의 사람들을 자기 백성 삼으시는 것입니다(벧후 3:9). 이스라엘은 가나안 땅을 전쟁으로 빼앗았습니다. 그러나 우리는 복음으로 땅을 정복합니다. 그리스도를 왕으로 모신 사람들이 진리를 따라 살아서 하나님 나라의 번영에 이바지합니다.

또한 온유한 자는 다른 방식으로도 땅을 기업으로 받습니다. 그들은 부자가 되기 위해 세상 것들에 부당하게 관심을 갖지 않습니다. 그 대신 하나님이 땅 위에 맡겨 주신 사명을 감당합니다. 그때 '이 모든 것을' 더해 주시는 복을 받습니다(마 6:33). 그것은 작은 것일 수 있습니다. 그러나 이는 하나님이 더해 주신 복입니다. 그 복이 다른 모든 것보다 더 크지 않겠습니까?*

온유한 자는 세상 사람들에게 다른 삶을 보여줍니다. 복음으로 감화를 끼칩니다. 그리스도께로 돌아오게 합니다. 이것이 바로 온유함으로 땅을 정복해 가는 방식입니다. 이처럼 온유한 사람을 통해 복음이 전파됩니다. 거기서 하나님 이름은 높아지고 그 땅은 하나님 나라가 될 것입니다. 거기서 우리는 행복하지 않겠습니까?

---

* William Hendriksen, *New Testament Commentary: Exposition of the Gospel According to Matthew* (Grand Rapids: Baker Book House, 2004), 272.

맺는말

우리의 의무는 하나님의 성품을 깊이 생각하는 것입니다. 참사람으로 오신 그리스도의 인격 안에서 계시된 성품을 묵상하는 것입니다. 많은 것을 소유하고 큰일을 하는 것보다 더 소중한 것은 예수님을 닮는 것입니다. 그런 사람은 세상에 살아 있는 것만으로도 하나님의 기쁨이기 때문입니다.

구원받은 사람은 예수님처럼 온유함으로 세상을 정복하기를 원합니다. 하나님과의 평화에서 오는 일체의 온유함으로 감화를 끼침으로써 자기가 하나님의 자녀인 것을 입증할 것입니다.

마지막 때가 될수록 세상은 포악하고 거칠어질 것입니다. 온유한 그리스도인은 더욱 빛날 것입니다. 그를 통해 온유함의 모본이신 그리스도를 알게 될 것입니다. 그리하여 세상도 행복하게 될 것입니다.

온유한 자

한·눈·에·보·는·4장

I. 들어가는 말

하나님의 위로는 영혼에 만족을 준다.
그 만족 안에서 온유함이 흘러나온다.
"온유한 자는 복이 있나니…"(마 5:5).

II. 온유함의 의미

온유함은 부드러움, 점잖음, 겸손함, 사려 깊음을 뜻한다.
그러나 본성적으로 유순한 것을 가리키지는 않는다.
선악에 대한 열정도 분노도 없는 것이 아니다.
온유함은 하나님의 은혜로 거듭나고 성화된 성품이다.
이것은 하나님과 사람을 향해 다음과 같이 나타난다.
첫째로, 하나님을 향해서다.
온유함은 하나님의 섭리에 자신을 맡기는 태도로 나타난다.
온유한 자들은 겸손하여, 만나는 고난을 부당하다 여기지 않는다.
주님의 선하심과 자비로우심을 신뢰하며 잠잠히 그분을 바라본다.
그들은 어떤 삶을 살게 되든지 하나님의 뜻을 받아들인다.
둘째로, 사람들을 향해서다.
온유함은 부드러움과 친절함, 너그러움과 용서로 나타난다.
하나님께 큰 사랑을 받았으니, 그것을 이웃에게 흘려보낸다.
하나님 사랑은 그분의 형상을 닮은 사람들을 향하게 된다.
그래서 하나님 사랑하는 사람은 사람도 사랑한다.

III. 땅을 누리는 복

예수께서는 온유한 사람이 복되다고 말씀하신다.
"…그들이 땅을 기업으로 받을 것임이요"(마 5:5).
이스라엘은 가나안을 기업으로 상속받았다.
모든 방황을 그치고 가나안에서 안식과 평화를 누렸다.
이는 인류가 그리스도 안에서 누릴 안식의 예표다.
그래서 땅을 주리라는 약속은 그리스도를 주신다는 언약이다.
그리스도를 누리는 사람들은 세상에 영향력을 미친다.
그 땅에 거하는 사람들에게 복음의 영향력을 미친다.
사람들의 마음에 감화를 끼쳐 그들도 하나님 백성이 되게 한다.
이것이 온유한 사람들을 통해 하나님 나라가 확장되는 방법이다.
또한 온유한 사람들이 땅을 정복해 가는 방법이다.

IV. 맺는말

온유하신 그리스도를 닮아 가고 있는가.
땅이신 그리스도를 누리며 살아가는가.
그분을 누림으로 사람들의 마음을 얻고 있는지 살펴보라.

우리는 두 나라의 국민으로 살아가고 있습니다. 영으로는 하나님 나라에 속해 있지만 육신으로는 세상 나라에 살고 있습니다. 세상에서 날마다 불의한 현실을 만납니다. 하나님의 뜻을 거스르는 세상을 매일 봅니다. 인간 존엄성이 짓밟히고, 불의와 부패가 판치는 세상을 봅니다. 이런 세상에서 의에 대해 주리고 목마르지 않다면 어찌 그리스도인이겠습니까? 자기 안에 이루어진 하나님 나라만큼만 자기 밖에 이루어지지 못한 의에 대해 아파할 수 있습니다. 자기 때문에 세상이 티끌만큼이라도 의로워지기를 사모합니다. 배고픈 사람이 음식을 찾고 목마른 사람이 물을 찾는 것처럼 말입니다. 이런 사람들이 복이 있습니다. 왜냐하면 행복이신 하나님이 함께하시기 때문입니다.

제5장

의에 주리고
목마른 자

"복이 있도다, 그 의에 굶주리고 목마른 자들이여.
왜냐하면 그들이 배부를 것이기 때문이다"(마 5:6, KNJ 私譯).

μακάριοι οἱ πεινῶντες καὶ διψῶντες τὴν δικαιοσύνην,
ὅτι αὐτοὶ χορτασθήσονται.

저자의 설교 '의에 주리고 목마른 자의 복 1', '의에 주리고 목마른 자의 복 2'로 연결됩니다.

들어가는 말

온유한 사람은 부드럽고 친절합니다. 유약하거나 결단력이 없어서가 아닙니다. 마음속에 열망이 있기 때문입니다. 그것이 너무 강렬해서 거친 성품을 변화시켜 버린 것입니다. 바로 의(義)를 향한 열망입니다.

그것이 얼마나 절실한지 배고픔과 목마름이라는 본능적 욕구에 비유되었습니다. 양껏 먹으면 주리지 않습니다. 제때 마시면 갈하지 않습니다. 그러나 신자에게는 음식으로 채울 수 없는 배고픔과 음료로 해결할 수 없는 갈증이 있어야 합니다(요 4:32, 34). 그것은 하나님의 의입니다.

세상은 더 많은 것들을 소유하라고 말합니다. 그래야 행복해질 수 있다고 합니다. 그러나 그 행복은 뜨거운 여름, 긴 행군 끝에 마시는 한 사발의 차가운 설탕물과 같습니다.

의란 무엇인가?

욕망의 만족을 위해 사는 것을 자랑으로 삼는 시대입니다. 그러나 채워지지 않은 갈망을 가진 자가 복되다고 말씀하십니다.

"의에 주리고 목마른 자는 복이 있나니…"(마 5:6).

의에 주리고 목마른 자가 복되다고 하십니다. 그러면 여기서 '의'(義)란 무엇일까요?* '의'에 해당하는 헬라어 디카이오쉬네(δικαιοσύνη)는 기

---

* 의는 크게 두 범주로 나뉜다. 하나님 자신의 의와 인간에게 적용된 의다. 전자는 속성적 의(essential righteousness)라고 부른다. 그런 점에서 의는 하나님 자신이시다. 이는 하나님은 언제나 옳은 바를 따라 행하신다는 뜻이며, 하나님 자신이 옳고 그름의 최종적 판단 근거가 되신다는 뜻이다. 후자는 하나님의 성품인 의를 인간에게 적용한 것인데 크게 율법적 의와 복음적 의로 구분된다. 율법적 의(law righteousness)는 율법이 요구하는 바를 모두 행함으로 얻게 되는 의다. 타락한 인간은 그 요구를 만족시킬 수 없다. 따라서 율법적 의를 성취함으로 구원에 이를 수 없다. 복음적 의(gospel righteousness)는 율법의 모든 요구를 성취하신 그리스도께서 믿는 자에게 전가

본적으로 '책망받을 것 없는 무죄한 상태(마 27:19), 옳음, 허물 없음' 등을 의미합니다.** 여기서 말하는 의는 두 가지로 설명됩니다.

첫째로, 율법(律法)에 부합한 상태입니다. 의가 '옳음'이라면, 무엇에 대해 옳다는 것일까요? 그 판단 기준은 무엇일까요? 그것은 하나님의 뜻입니다. 율법과 복음으로 그것을 보이셨습니다. 구약에서는 율법을 통해 복음을 보여주시고 신약에서는 복음을 통해 율법을 알게 하셨습니다.

하나님은 지혜를 가지고 세상을 지으셨습니다. 지혜와 사랑으로 목적을 가지고 세상을 창조하셨습니다. 인간이 하나님과 사람들, 그리고 자연 만물과 어떤 관계를 가지고 살아야 할지를 정하셨습니다.

해 주신 의다. 이것은 은총에 덕 입은 의다. 이 외에도 자기 의(self-righteousness)가 있는데, 이는 본래의 의를 상실하고 타락한 인간이 자신 스스로 하나님께 받아들여질 수 있는 것처럼 여기는 의다. 이는 인간이 자신을 의롭다고 믿는 정신이며, 하나님 앞에 받아들여질 수 없는 의다. 김남준, 『구원과 하나님의 계획』, (서울: 부흥과개혁사, 2009), 227-229; 『염려에 관하여』 (서울: 생명의말씀사, 2020), 161; 『자기 깨어짐』 (서울: 생명의말씀사, 2019), 88.

** '의'에 해당하는 헬라어 단어 디카이오쉬네(δικαιοσύνη)는 (1) 공평을 기초로 사법적 책임을 다함으로 얻어진 자질, 상태, 혹은 실천으로서의 '정의, 합당함, 공정함'을 의미한다(히 7:2, 히 11:33). (2) 구속적 행위에 초점을 둔 올바름의 자질이나 상태로서, 기업을 무르는 행위 같은 것을 가리킨다(롬 3:21, 갈 2:21). (3) 올바른 행동의 자질이나 특징으로서의 '올곧음, 의로움' 등을 의미한다(마 5:6, 벧전 3:14). Walter Bauer, Frederick W. Danker, William F. Arndt, F. Wilbur Gingrich, eds., *A Greek-English Lexicon of the New Testament and Other Early Christian Literature*, 3rd ed. (Chicago: University of Chicago Press, 2000), 247-248.

그 뜻을 율법에 새기셨습니다. 시내산의 돌판과 사람의 마음에 새겨 주셔서 양심의 증거가 되게 하셨습니다(롬 2:14-16).*

넓은 의미의 율법은 인간과 세상에 대한 하나님의 생각과 의지를 흠 없이 알려 주신 계시의 총체입니다. 이것은 신구약 성경 전체입니다. 좁은 의미의 율법은 둘로 구분됩니다. 에덴에서 주신 율법과 시내산에서 주신 율법입니다.** 십계명은 모든 율법의 핵심입니다. 그것은 하나님과 인간, 인간과 인간 사이의 도덕적 질서를 규정합니다. 그것은 영원하고 불변하는 신앙과 생활의 규범입니다.***

이 규범을 실천하는 동기는 하나님 사랑이어야 합니다. 그것은 마음과 뜻과 힘을 다해서 하나님 여호와를 사랑함으로 실천되어야 합니다(신 6:5). 그 사랑으로 또한 이웃을 자기 자신처럼 사랑해야 합니다(눅 10:27).

---

* 김남준, 『죄와 은혜의 지배』 (서울: 생명의말씀사, 2005), 248-265.

** 에덴에서 주신 율법은 선악과를 먹지 말도록 지시하신 명령이다(창 2:17). 시내산에서 주신 율법은 두 개의 원리로 이루어져 있는데, 1차 원리인 하나님의 약속과 2차 원리인 십계명 그리고 그것들의 특별한 적용인 시민법과 의식법(儀式法)으로 이루어진다. 이것들 중 시민법과 의식법은 한시적 성격을 가진다. John Owen, *A Treatise of the Dominion of Sin and Grace*, in *The Works of John Owen*, vol. 7, ed. William H. Goold (Edinburgh: The Banner of Truth Trust, 1988), 542-543; 김남준, 『염려에 관하여』 (서울: 생명의말씀사, 2020), 162.

*** John Owen, *The Reason of Faith*, in *The Works of John Owen*, vol. 4, ed. William H. Goold (Edinburgh: The Banner of Truth Trust, 1988), 48.

율법은 두 개의 관계를 규율하고 있습니다. 종교적 관계와 사회적 관계입니다.

먼저, 종교적 관계입니다. 이는 하나님과의 관계를 규정합니다. 율법은 우리가 어떻게 하나님을 믿고 섬겨야 할지를 가르쳐 줍니다(창 2:17). 거기에 부합하면 의로운 것이며, 그렇지 못하면 불의한 것입니다.

그다음, 사회적 관계입니다. 이것은 사람들과의 관계입니다. 율법은 하나님 안에서 다른 사람들과 어떻게 관계를 맺으며 살아야 할지를 가르쳐 줍니다. 그것은 사회의 성격을 규정짓습니다. 하나님은 사람을 각각 개별적인 존재로 창조하셨습니다. 서로 사랑하며 함께 살아가기를 바라셨습니다. 사랑은 관계입니다. 율법은 이웃을 자기 몸처럼 사랑하면 이루어질 사회를 가르쳐 줍니다.

율법은 자연과의 관계에 대해서도 언급합니다(느 10:31). 땅에 대한 배려인데, 이는 인간과 자연 사이의 조화를 위한 것입니다. 이것은 기독교 역사가 외면해 오던 율법의 요구였습니다. 이것은 우리가 자연과 어떤 관계를 맺으며 함께 살아야 할지를 가르쳐 줍니다.

인간은 어진 임금이 백성을 사랑으로 다스리듯이 자연 세계를 돌보아야 했고, 선하게 창조되었지만 더욱 아름답게 만들도록 노동으로 봉사해야 했습니다(창 1:26). 이 일을 사람으로 지음 받은 사명이자 보람으로 여겨야 했습니다.

의로운 자로 살아감으로 세상이 하나님과 사람들, 자연 만물의 완전한 관계 속에서 평화를 누리게 하심이었습니다. 이처럼 하나님의 뜻에 합치된 상태가 의(義)입니다. 그러나 타락하여 죄인이 된 인간은 그 의를 얻을 수 없습니다. 누구도 율법을 완전히 지킬 수 없기 때문입니다.

'죄인이 율법을 지켜 의롭게 된다.'라는 말 자체가 모순입니다. 죄인이면 율법을 온전히 지킬 수 없고, 스스로 의롭게 될 수 있으면 죄인이 아니기 때문입니다. 타락 후 주어진 율법은 그것을 지켜 하나님 앞에 의로운 자가 되라고 주신 것이 아닙니다(롬 3:20). 그것이 불가능함을 깨닫고 다른 방식으로 주어지는 하나님의 의를 바라보게 하시기 위함입니다(롬 3:21-22).

둘째로, 은총(恩寵)에 덕 입은 상태입니다. 인간의 모든 본성은 죄의 영향을 받게 되었습니다. 모두 죄에 오염되었기 때문입니다. 모든 사람이 죄인입니다. "기록된 바 의인은 없나니 하나도 없으며"(롬 3:10). 누구도 죄에서 벗어날 수 없습니다.

성경에는 '의인' 혹은 '의로운 자'로 불리던 사람들이 있습니다(출 23:8, 마 5:45, 히 11:4). "이것이 노아의 족보니라 노아는 의인이요 당대에 완전한 자라…"(창 6:9). 그러나 노아가 절대적인 의미에서 완전한 자라는 뜻이 아닙니다. 만약 그가 그렇게 완전한 자였다면, 왜 술에 취해서 벌거벗었을까요? 왜 그 일로 작은아들을 저주했을까요?(창 9:21-25)

당시 다른 사람들과 비교할 때 상대적으로 의인이라는 뜻입니다. 그것도 하나님의 은총을 입은 덕이었습니다. "그러나 노아는 여호와께 은혜를 입었더라"(창 6:8). 따라서 노아에 대한 과분한 평가는 노아의 의로움보다 하나님의 은총을 드러내기 위한 것입니다. 홍수의 심판으로부터 살아남은 것도 하나님의 은총 때문이었고, '의인이요 당대에 완전한 자'라는 인정을 받으며 하나님과 동행하였던 것도 은총 때문이었습니다. 시인은 이러한 의에 대해 말합니다.

"허물의 사함을 받고 자신의 죄가 가려진 자는 복이 있도다"(시 32:1).*

이것은 율법을 지킴으로 얻는 의와는 다른 것입니다. 하나님의 은총으로 얻는 의입니다. 용서하시는 사랑으로 얻는 의입니다. 그러면 이것은 어떻게 획득될까요?

율법에 부합한 상태가 의(義)라면 그렇지 못한 상태는 불의(不義)입니다. 그런데 만약 불의가 징벌받지 않고 방치된다면 사람들은 하나님이 없다고 믿을 것입니다. 따라서 의는 그런 불의를 심판하심으로써 하나님의 거룩함을 지키시는 것으로 나타납니다.** 그렇지 않다면 사실상 하나님 없는 세상이 되지 않겠습니까?

여기에 어려운 문제가 있습니다. 하나님이 심판하는 의를 지지하시면 용서가 설 자리가 없고, 용서하는 사랑을 지지하시면 의가 설 자리

---

* 이 구절의 히브리어 원문을 직역하면 다음과 같다. "범법을 용서받고 그 죄가 덮인 자의 행복들이여"(אַשְׁרֵי נְשׂוּי־פֶּשַׁע כְּסוּי חֲטָאָה). 여기서도 언약 백성에게만 적용되는 신령한 의미의 복인 에세르(אֶשֶׁר)가 사용되었다.

** Louis Berkhof, *Systematic Theology* (Grand Rapids: Wm. B. Eerdmans Publishing Company, 1996), 74–75.

가 없습니다. 이에 대해 아우구스티누스(Aurelius Augustinus, 354-430)는 자신의 『삼위일체론』(*De Trinitate*)에서 명쾌하게 말합니다.

> "하나님은 (인간의) 지성이 그분께 참여하여 지혜로워지듯이 당신의 지혜에 참여하여 지혜로워지는 분이 아니시다. 그러나 (정의에 관하여 말할 때는) 하나님 자신이 친히 의로우신 그 정의뿐만 아니라, 불경건한 인간을 의롭다고 해주실 때에 그에게 부여하신 정의도 '하나님의 정의'라고 한다."*

위대한 교부가 말하고자 한 핵심은 이것입니다. '하나님의 의는 스스로 의로우신 것뿐만 아니라, 죄인을 의롭다고 여겨 주시는 것도 포함한다.' 왜냐하면 둘 다 하나님의 단일한 의지에서 비롯되는 것이기 때문입니다.**

행하시는 일들 중 의롭지 않은 일이 있다면 하나님 스스로 자기모순에 빠지는 것입니다. 의롭지 않은 일을 행하면 의로운 하나님이

---

* "…neque enim participatione sui sapiens est sicut mens participatione dei. Sed quemadmodum dicitur etiam iustitia dei non solum illa qua ipse iustus est sed quam dat homini cum iustificat impium…"(14.12.15). Aurelius Augustinus, *De Trinitate*, in *Corpus Christianorum Series Latina*, vol. 50A (Turnholti: Brepols, 1968), 443.

** 김남준, 『염려에 관하여』 (서울: 생명의말씀사, 2020), 186-187.

실 수 없고, 의로우시다면 의롭지 않은 일을 행하실 리가 없기 때문입니다.

은총에 덕 입은 의는 인간이 타락하자마자 계시되었습니다(창 3:21, 4:4). 은총에 덕 입은 일시적인 의입니다. 그것을 그림처럼 보여주는 것이 제사 제도입니다. 제사를 통해 한시적으로나마 의롭다 인정받아 교제할 길을 열어 주신 것입니다.*** 이것은 궁극적으로 그리스도를 통해 믿는 자에게 주시려고 했던 영원한 의의 예고편이었습니다(시 119:142, 고후 5:21). "이제는 율법 외에 하나님의 한 의가 나타났으니 율법과 선지자들에게 증거를 받은 것이라"(롬 3:21).

구약의 제사 제도가 그것입니다. 죄가 제물에 전가됨으로써 제물은 죽고 헌제자는 죄 사함을 받게 하신 것입니다(레 4:14-20).

잠시 의롭게 되는 제사의 경험은 그리스도의 구속 사건에서 의미가 찬란하게 드러납니다. 의로우신 하나님이 아들을 화목 제물 삼아 우리의 불의에 대한 값을 치르게 하셨습니다. 이는 하나님이 우리 죄를 간과하시기 위함이었습니다. 하나님의 의로우심을 드러내는 또 다른 방법이었습니다(롬 3:25).

우리는 죄를 지을 수는 있었지만 그 대가를 치를 능력은 없었습니다. 그리스도께서 세상 죄를 짊어지고 대신 죽으셨습니다(히 9:12). 친

*** 김남준, 『구원과 하나님의 계획』 (서울: 부흥과개혁사, 2009), 77.

히 율법의 요구를 모두 이루셨습니다. 다시 살아나심으로써 하나님의 아들로 선포되셨습니다(롬 1:4). 십자가로 획득하신 의를 믿는 자에게 나누어 주십니다. 완전하고 영원한 의입니다(히 10:14).

하나님께로부터 주어졌기 때문에 '하나님의 의'라고도 하고(롬 3:22), 그리스도가 얻으셨고 처분하실 수 있기에 '그리스도의 의'라고도 합니다(벧후 1:1). 믿는 사람이 그 의를 받아(고후 5:21), 하나님 앞에 의롭다 인정받습니다(롬 3:30).

의롭게 된 사람들은 하늘 자원을 공급받습니다. 신령한 은혜입니다. 그것으로 정의롭게 살아갑니다. 사랑으로 정의를 완성하며 살게 됩니다(암 5:24).

이것은 그리스도의 대속을 덕 입음으로 완전한 의가 되었습니다. 단번에 영원히 의롭게 된 상태인데, 이것이 우리가 누리는 하나님의 의입니다(롬 3:21). 이 의 때문에 하나님 앞에 받아들여지는 사람이 되었습니다.

의로운 삶의 기초는 그리스도의 의를 덧입는 것입니다. 은혜에 의해서 믿음으로 말미암아 구원을 받는 것입니다. "너희는 그 은혜에 의하여 믿음으로 말미암아 구원을 받았으니 이것은 너희에게서 난 것이 아니요 하나님의 선물이라"(엡 2:8).

의에 주리고 목마른 자

의롭게 된 신자가 불의한 현실을 만날 때, 의에 주리고 목마르게 됩니다. 이것은 크게 두 방향에서 일어납니다.

첫째로, 자신 안에서입니다. 거듭나는 순간, 신자는 의로운 상태에 있고자 하는 경향성을 부여받습니다. 그것은 약화될 수 있어도 사라질 수는 없습니다. 그것을 많이 느낄 때는 은혜 안에 있는 때이고, 적게 느낄 때는 죄 가운데 있는 때입니다. 신자 안에도 여전히 하나님을 거역하고자 하는 욕망이 남아 있습니다. 그것이 자기를 행복하게 할 것이라고 생각하기 때문입니다.

은혜를 받으면 그런 자신을 발견할 때 애통합니다. 자기 안에 하나님 나라가 온전히 이루어지지 않았기 때문입니다. 그때 그는 자신 안에서, 의에 주리고 목마른 자가 됩니다(롬 7:21-24). 이런 사람이 참으로 복된 사람입니다.

둘째로, 사회 안에서입니다. 우리를 선택하시고 구원의 은혜를 주셨습니다. 은혜는 거저 주어진 것이지만, 목적이 있습니다. 은혜받은 자뿐만 아니라 모든 이웃이 하나님께 순종하는 것입니다(벧전 1:2). 때를 얻든지 못 얻든지 복음을 전하게 하심은 세상이 그리스도를 믿어 의에 이르게 하시기 위함입니다(딤후 4:2).

하나님과 상관없이 살아가는 이웃들을 생각해 보십시오. 한때는 주님 만났으나 지금은 멀리 떠난 지체들을 생각해 보십시오. 혼자 믿

는 것으로는 만족할 수 없습니다. 가족이, 지체가, 이웃들이 모두 의에 이르기를 사모하지 않을 수 없습니다. 그들도 하나님 안에서 행복하게 살기를 바랍니다. 그런 갈망으로 애통하게 됩니다.

우리는 두 나라의 국민으로 살아가고 있습니다. 영으로는 하나님 나라에 속해 있지만 육신으로는 세상 나라에 살고 있습니다. 세상에서 날마다 불의한 현실을 만납니다. 하나님의 뜻을 거스르는 세상을 매일 봅니다. 인간의 존엄성이 짓밟히고, 불의와 부패가 판치는 세상을 봅니다. 이런 세상에서 의에 대해 주리고 목마르지 않다면 어찌 그리스도인이라고 할 수 있겠습니까?

자기 안에 이루어진 하나님 나라만큼만 자기 밖에 이루어지지 못한 의에 대해 아파할 수 있습니다. 자기 때문에 세상이 티끌만큼이라도 의로워지기를 사모합니다. 배고픈 사람이 음식을 찾고 목마른 사람이 물을 찾는 것처럼 말입니다. 이런 사람들이 복이 있습니다. 왜냐하면 행복이신 하나님이 함께하시기 때문입니다.

하나님은 세상을 당신의 영광으로 가득 차게 하고 싶으셨습니다. 그래서 천지를 창조하시고 사람을 지으셨습니다. 그 안에서 행복하게 하셨습니다. 그 일을 위해서는 하나님과 올바른 관계를 맺고 사람들을 사랑하며 살아야 합니다. 자연 만물을 선하게 돌보며 살아야 합니다. 자신과 사회, 국가가 모두 이 한 가지 목적을 향해야 합니다. 지금 세상은 그렇지 않습니다. 하나님 나라가 임하였지만, 여전히 창조 목적을 거스르고 있습니다.

십자가와 부활 사건으로 세상을 향한 사탄의 지배력은 결정적인 타격을 받았습니다. 율법의 정죄와 사탄의 세력은 무력해졌습니다. "우리를 거스르고 불리하게 하는 법조문으로 쓴 증서를 지우시고 제하여 버리사 십자가에 못 박으시고 통치자들과 권세들을 무력화하여… 이기셨느니라"(골 2:14-15).

그러나 사탄은 영향력을 완전히 상실하지 않았습니다. 죄 짓고 불순종하는 신자들을 얼마든지 어둠 속에 머물게 할 수 있습니다.* 그의 지배를 받는 세상은 하나님을 대항합니다. 그래서 팔복의 사람은 세상에 순응하며 살 수 없습니다. 완전히 이루어질 하나님 나라를 바라기 때문입니다. 세상은 억압할 것입니다. 하나님 나라의 질서를 거슬러 살도록 강요할 것입니다. 그러나 우리는 세상의 불법과 불의에 항거할 것입니다. 모순을 고쳐 나갈 것입니다. 살아 있는 이유가 정의로운 세상이 되는 것이기 때문입니다(마 6:33). 말씀을 깨닫고 은혜를 받게 하시는 것은 그것을 즐기게 하심이 아닙니다. 세상 나라의 불의한 질서에 항거하게 하시기 위함입니다(롬 12:2).

불의를 욕하는 것은 쉽습니다. 그러나 의롭게 사는 것은 어렵습니다. 세상이 불의하기 때문입니다. 진리를 말하는 것은 입술에 침만 바르면 되지만, 진리대로 살려면 때로는 피를 흘려야 하기 때문입니다.

* 김남준, 『구원과 하나님의 계획』 (서울: 부흥과개혁사, 2009), 258.

편안하기를 포기하고, 소외당할 각오를 해야 합니다. 비판받고 멸시당하기를 각오해야 합니다.

이 의가 세상에 이루어지기 위해서는, 먼저 영혼이 변화되어야 합니다. 그리스도를 믿고 죄 사함을 받아야 합니다. 하나님 사랑으로 살아야 합니다. 모든 사람들이 은총으로 하나님의 의를 덧입게 되기를 갈망해야 합니다. 자신처럼 하나님의 의에 주리고 목마른 자가 되기를 기도해야 합니다.

의에 주리고 목마른 자의 만족

어떤 물건을 갖고 싶었는데, 좋은 경치를 감상하면 그 욕망이 사라지기도 합니다. 재미있는 놀이에 빠지게 되면 울적했던 마음이 괜찮아지기도 합니다. 이처럼 어떤 욕망은 다른 즐김으로 대체됩니다. 그러나 대체할 수 없는 것이 있습니다. 바로 배고픔과 목마름입니다.

음식이 아니면 굶주림을 해소할 수 없고 물이 아니면 목마름을 해결할 수 없습니다. 배부르기까지는 먹고 싶고, 해갈하기까지는 마시고 싶은 욕구가 사라지지 않을 것입니다. 의를 향한 신자의 갈망을 이렇게 표현하셨습니다. 그런 사람들은 배부르게 될 것이라고 말씀하셨으니, 그분의 의지의 표현입니다.

"…그들이 배부를 것임이요"(마 5:6).

이 말씀은 모순처럼 들립니다. 주리고 목마른 자가 어찌 배부를 수 있겠습니까? 어떻게 한 사람 안에 이 두 가지가 함께 있을 수 있겠습니까? 한 사람이 배고프면서 배부르고, 배부르면서도 배고픈 일이 어떻게 가능할까요? 많이 먹었지만 배부르지 않고, 가득 차 있지만 비어 있고, 만족하지만 늘 불만족스럽다는 말인데, 그것이 가능할까요?*

세상 사람들은 감각적 만족을 추구하며 늘 배고프고 목말라합니다. 그래서 행복하지 않습니다. 진정한 만족이 없기 때문입니다. 참된 행복은 육체만을 사랑해서는 얻을 수 없습니다.

복된 자에게는 더 좋은 배고픔과 목마름이 있습니다. 의(義, righteousness)에 관한 것입니다. 그것을 추구하기에 배고프고 목마른 사람은 하나님 앞에 서 있는 사람입니다.** 그의 영혼은 하나님 때문에 만족합니다. 세상이 빼앗아 갈 수 없는 배부름과 해갈함이 있습니다. 그는 의에 주리고 목마르면서도 동시에 하나님 때문에 만족을 누립니다. 이 만족을 얻는 것은 두 가지로 나누어 생각해 볼 수 있습니다.

---

*   R. Kent Hughes, *The Sermon on the Mount: The Message of the Kingdom* (Wheaton: Crossway, 2001), 44.
** Matthew Poole, *A Commentary on the Holy Bible*, vol. 3 (Edinburgh: The Banner of Truth Trust, 1990), 21.

첫째로, 종말론적 만족입니다. 이것은 세상 끝 날에 하나님 나라가 완전히 이루어질 때 누리게 될 만족입니다. 이것은 우주적으로 실현될 것입니다.

타락한 이후로 세상은 마귀의 지배를 받게 되었습니다. 세상은 하나님의 것입니다. 따라서 마귀의 지배는 불법입니다. 그것은 반역이고, 죄는 그 반역을 따르는 것입니다. 그 반란을 종식시키기 위해 그리스도께서 세상에 오셨습니다.

"…하나님의 아들이 나타나신 것은 마귀의 일을 멸하려 하심이라"(요일 3:8).

하나님을 사랑해야 할 마음에 적대감이 가득하게 되었습니다(롬 8:7). 그것은 곧 하나님의 의에 반역하는 감정입니다. 이것은 죄인의 감정과 의지입니다. 죄인은 의에 주리고 목말라하지 않으니, 오직 하나님 사랑하는 사람만 그러합니다.

교회는 하나님의 의를 위해 싸우는 군대입니다. 전선은 세상과 하늘에 걸쳐 있습니다. 사령관은 그리스도이시니, 그 싸움은 승리로 끝날 것입니다.

마지막 날, 하나님의 의는 온전히 이루어질 것입니다. 인간과 만물은 영광을 회복하게 될 것입니다(엡 1:10). 그때 성도들은 최고의 복을 누리게 될 것입니다. 완전한 만족을 얻을 것입니다.

하나님의 의는 정오의 빛같이 비치고, 모든 피조물은 회복될 것입니다(시 37:6). 찬란한 영광으로 나타날 것입니다. 새 하늘과 새 땅에서, 더 이상 의에 주리고 목마르지 않을 것입니다. 그날을 기다리며 살아갑니다.

둘째로, 현재적 만족입니다. 이것은 지금 여기에 실현됩니다. 아직 그 의는 완전히 이뤄지지는 않았습니다.

그러나 의를 추구하는 자에게는 영혼의 만족이 있습니다. 기쁨이 있습니다. 이 땅에 의가 확장되고 있기 때문입니다. 그래서 지금 마음은 배부릅니다.

의를 추구하는 자에게 신령한 만족을 주십니다. 이 만족은 그리스도와의 온전한 연합에서 오는 평화의 기쁨입니다. 자신과 세상 안에 이룩되는 의 때문에 누리는 만족입니다(시 17:15). 확장되는 하나님의 통치 때문에 느끼는 행복입니다. 이것은 행복 자체이신 하나님으로 인해 누리는 행복입니다. 아무도 빼앗아 갈 수 없는 것입니다.

한 영혼이 구원받았을 때 왜 그토록 기뻐합니까? 자녀들이 회심했을 때 왜 그렇게 행복해합니까?

이제는 그들이 의롭게 살 것이기 때문입니다. 하나님의 의 때문에 행복하게 될 것이기 때문입니다.

그들에게 억만금의 재산을 물려준다 한들 무슨 소용이 있겠습니까? 그들이 하나님을 누리지 못하고 있다면 어찌 행복할 수 있겠습니까?

주기도문은 그리스도가 세상에 이루고 싶으셨던 초기 공동체의 이상을 보여줍니다.* 교회의 구성원들이 일치된 소원을 갖기를 간절히 바라셨습니다. 그것은 하나님의 뜻이 이뤄지는 것이었습니다. 이것이 바로 의입니다.

"…이름이 거룩히 여김을 받으시오며 나라가 임하시오며 뜻이 하늘에서 이루어진 것같이 땅에서도 이루어지이다"(마 6:9-10).

의에 주리고 목마른 것은 세상이 아직 불의하기 때문입니다. 의로운 세상은 하나님의 뜻이 이루어진 세상입니다. 그것은 하나님의 기쁨, 의지, 그리고 목적대로 된 세상입니다(살전 5:18, 골 1:1, 행 4:28).**

하나님 뜻대로 살고자 하는 자들에게 은혜를 주십니다. 그렇게 살아갈 힘을 주십니다. 위로하시고 사랑하십니다. 신령한 방식으로 배부르고 해갈되게 하십니다. 이들은 자기 깨어짐으로 추루한 자기 사

---

* "예수 그리스도께서 직접 가르쳐 주신 이 특별한 기도는 우리에게 단지 기도 자체만이 아니라 예수 그리스도의 오심과 함께 이루어질 하나님의 나라 백성들의 공동체의 정체성과 성격, 그들이 살아가며 추구해야 할 삶의 가치를 같이 보여줍니다. 다시 말해서 주기도문은 우리에게 '예수 신앙'의 정수가 무엇인지를 보여줍니다." 김남준, 『깊이 읽는 주기도문』 (서울: 생명의말씀사, 2019), 22-23.

** 김남준, 『깊이 읽는 주기도문』 (서울: 생명의말씀사, 2019), 212-214.

랑을 버립니다. 거기서 하나님의 의가 이루어지는 것을 봅니다. 깨어지는 것은 아프지만 거기서 다시 사는 것은 기쁩니다. 그리스도와 함께 사는 것이기 때문입니다(갈 2:20). 그들은 이처럼 신령한 배부름을 경험합니다. 그들에게 슬픈 것은 사람들이 불의를 사랑하는 것이고, 기쁜 것은 의를 사랑하는 것입니다.

우리는 역사의 진보를 믿습니다. 잠시 불의로 진리를 막는 사람들이 득세하지만 하나님은 진노를 통해서라도 바로 잡으십니다(롬 1:18). 결국 마지막날에 그리스도께서 온 세상을 다스리실 것입니다. 의에 주리고 목말라하던 자들은 최고의 만족을 얻게 될 것입니다(계 2:26, 12:5).

이런 승리를 확신하는 자들에게는 현재적인 위로가 있습니다. 그 뜻을 이루어 가시는 하나님의 주권을 봅니다. 거기서 애통하는 마음은 위로를 얻고 굶주린 마음은 배부르게 됩니다.

번영하고 태평한 시대가 있었습니다. 그때도 의에 주리고 목마른 사람들이 있었습니다. 그들은 이런 세상을 그리워하였습니다.

"오직 정의를 물같이, 공의를 마르지 않는 강같이 흐르게 할지어다"(암 5:24).

그런데 우리에게 그런 갈망이 있습니까? 세상이 하나님의 품으로 돌아가기를 바라는 열망이 있습니까? 불의한 세상을 보며 가슴 아파합니까? 그 일을 위해 피 묻은 복음을 전합니까? 하나님의 이름이 업수이 여김을 받는 현실을 보며 의에 주립니까? 인간의 존엄성이 짓밟히는 현실을 바라보며 정의에 목마릅니까?

처음 회심했던 때를 생각해 보십시오. 의를 사모했습니다. 하나님 뜻대로 살고 싶었습니다. 그 나라가 임하게 해 달라고 기도했습니다. 불순종하는 자신이 미웠습니다.

그때는 남이 모르는 하나님의 위로가 있었습니다. "이 말씀은 나의 고난 중의 위로라 주의 말씀이 나를 살리셨기 때문이니이다"(시 119:50).

우리를 구원하신 것은 하나님 나라와 의를 위해 살게 하시기 위함입니다(마 6:33). 복음을 전파하는 것도 바로 그것을 위해서입니다.

지금은 어떻습니까? 그때처럼 갈망합니까? 의에 주리고 목마릅니까? 불의를 미워하고 정의를 간구합니까? 여전히 죄를 버리고 은혜를 받고 싶어합니까?

처음 회심했을 때의 마음으로 돌아가십시오. 하나님 나라와 의를 위해 사십시오. 먼저 자신 안에 그 나라가 이루어지길 바라십시오. 온 세상이 의를 바라게 되기를 사모하십시오. 아무도 알 수 없는 평화와 만족을 누리게 될 것입니다.

맺는말

세상 사람들도 목마르고 배고파합니다. 만족을 이 세상에서 찾기에 영혼의 만족을 경험하지 못합니다. "…내가 기근을 땅에 보내리니 양식이 없어 주림이 아니며 물이 없어 갈함이 아니요 여호와의 말씀을 듣지 못한 기갈이라"(암 8:11).

세상 것들로 주린 배를 채우려 합니다. 그러나 눈은 보아도 족함이 없고 귀는 들어도 가득 차지 않습니다(전 1:8). 믿음으로 의를 찾지 아니하는 자는 불신앙으로 세상을 사랑하는 사람이 될 것입니다(요일 2:15).

한때는 우리도 죄의 종이었습니다. 그런 우리를 그리스도의 피로 구원하셨습니다. 의를 위해 살아가게 하셨습니다. 육체의 정욕을 따라 살던 나그네 같던 우리를 돌이키셨습니다. 하나님 뜻대로 살 은혜를 주셨습니다. 앞으로도 그렇게 살 힘을 주실 것입니다.

불의한 자들의 악한 행실로 고통당하던 롯을 건져 주셨습니다(벧후 2:7). 하나님 의를 사모했기 때문입니다. 때로는 그 길의 끝이 너무 멀게 보입니다. 그러나 하나님은 의에 주리고 목말라하는 우리와 같이 계실 것입니다.

의에 주리고 목마른 자

한·눈·에·보·는·5장

I. 들어가는 말

온유한 사람이 부드러운 것은 연약하기 때문이 아니다.
그들 안에 의를 향한 열망이 타오르고 있기 때문이다.
그 열망이 거칠고 포악한 성품을 덮어 버린 것이다.
"의에 주리고 목마른 자는 복이 있나니…"(마 5:6).

II. 의의 개념

의롭다는 것은 다음의 개념이다.
첫째로, 율법에 부합한 상태다.
하나님의 뜻은 율법(복음)을 통해 드러났다.
그것을 온전히 준수할 때 의롭게 된다.
둘째로, 은총에 덕 입은 상태다.
죄로 인해 온전히 율법을 실천할 수 없게 되었다.
하나님은 그런 인간의 죄와 허물을 가려 주신다.
그때 인간은 의롭게 된다.
그리스도는 하나님의 의를 온전히 이루셨다.
그 의를 당신을 믿는 자들에게 나눠 주신다.
이것이 궁극적인 의의 나타남이다.

III. 두 방향에서의 의의 실현

첫째로, 자기 자신 안에서다.
신자에게는 하나님을 거스르려는 성향이 있다.
그것을 발견할 때 의에 주리고 목마른 자가 된다.
둘째로, 사회 안에서다.
신자는 이 사회가 하나님의 의를 이루는 데 기여하기를 바란다.
만약 그렇지 못한 현실을 발견할 때 애통하지 않을 수 없다.

IV. 의를 추구하는 자의 만족

의에 갈급한 사람은 만족하게 될 것이다.
"…그들이 배부를 것임이요"(마 5:6).
이 만족은 두 가지로 나누어 생각할 수 있다.
첫째로, 우주적으로 실현될 종말론적 만족이다.
재림의 날, 하나님을 대적하는 모든 것들은 사라질 것이다.
둘째로, 지금 이곳에서 실현될 현재적 만족이다.
신자는 이 땅에서 의가 이루어지는 것을 보게 될 것이다.

V. 맺는말

삶의 방향이 하나님의 의를 추구하고 있는가.
만약 그렇지 않다면 삶은 허무하게 될 것이다.
의를 추구함으로 영혼의 참된 배부름을 경험하길 바란다.

예수 믿는 것은 잘살기 위해서입니다. 나 없이 다른 사람들만, 다른 사람들 없이 나만 잘사는 삶은 없습니다. 긍휼히 여김을 받는 자는 고독하지 않고, 불쌍히 여기는 사람은 허무하지 않습니다. 그들의 마음에 하나님이 계시기 때문입니다. 내일 스러질 들풀도 오늘은 생명을 누리듯이 오늘을 살게 하시기 때문입니다.

외로운 사람의 친구가 되어 주십시오. 슬픈 자의 위로자가 되십시오. 흐느끼는 자의 눈물을 닦아 주십시오. 그가 홀로 있지 않음을 느끼기 전에 당신이 혼자가 아님을 먼저 느끼게 될 것입니다. 당신은 아프지 않을 것입니다. 왜냐하면 하나님의 긍휼히 여기심을 받을 것이기 때문입니다.

제6장

긍휼히 여기는 자

"복이 있도다 긍휼히 여기는 자들이여.
왜냐하면 그들이 긍휼히 여김을 받을 것이기 때문이다"(마 5:7, KNJ 私譯).

μακάριοι οἱ ἐλεήμονες,
ὅτι αὐτοὶ ἐλεηθήσονται.

저자의 설교 '긍휼히 여기는 자의 복 1', '긍휼히 여기는 자의 복 2'로 연결됩니다.

들어가는 말

의(義)에 굶주린 사람은 하나님 뜻대로 살려는 사람입니다. 그렇지 않다면, 의를 간절히 찾지 않을 것입니다. 정의롭게 살고자 할 때 불의한 사람들이 눈에 들어옵니다. 그들의 죄를 판단하게 됩니다. 그때 남을 정죄하고 미워하기 쉽습니다.

악(惡)과 싸우는 사람에게 위험한 것은 적이 아닙니다. 그것은 싸우면서 자신도 모르게 악해지는 것입니다. 죄 대신 사람을 미워하기 쉽기 때문입니다. 그런 점에서 의에 주리고 목마른 자에 관해 말씀하신 후, '긍휼히 여기는 자'의 행복을 말씀하신 것은 뜻이 깊습니다. 의를 추구하는 마음은 긍휼히 여기는 마음과 충돌하지 않습니다.

오히려 이 마음이 저 마음을 증거합니다. 정의에 몰두하다가 사랑을 잃어버리는 사람들이 많습니다. 마치 간음하다 현장에서 붙잡힌 여자를 끌고 온 서기관들과 바리새인들처럼 말입니다(요 8:3-11).

그들은 죄를 미워하고 죄인은 사랑해야 했습니다. 그러나 죄를 사랑하고 사람은 미워했습니다. 그들에게 긍휼히 여기는 마음이 없었기 때문입니다.

긍휼이란 무엇인가?

'긍휼'(矜恤)의 국어사전적 의미는 '불쌍하고 가엾게 여겨서 도와줌' 입니다.* 그러나 신학적으로 긍휼은 사랑의 한 국면입니다. 사랑은 피조물을 향한 하나님의 선하심의 발로(發露)입니다.**

하나님의 사랑에는 세 국면이 있습니다. 자비와 긍휼, 오래 참음입니다. 타락 후 더욱 풍부하게 드러났으니, 죄 때문에 인간이 비참하게 되었기 때문입니다.

---

* 고려대학교 민족문화연구원 국어사전편찬실 편, 「고려대 한국어대사전(ㄱ-ㅁ)」(서울: 고려대학교 민족문화연구원, 2011), 90.

** Louis Berkhof, *Systematic Theology* (Grand Rapids: Wm. B. Eerdmans Publishing Company, 1996), 70-71.

"긍휼히 여기는 자는 복이 있나니…"(마 5:7). *****

의에 주리고 목마르면서도, 긍휼히 여기는 것이 하나님 나라의 백성된 표입니다.******

의를 추구하는 것은 하나님을 사랑하기 때문입니다. 그런데 긍휼히 여기는 것은 죄의 용서와 밀접하게 연관되어 있습니다(요 8:11). 이것은 용서보다 넓은 의미입니다.

이는 어떤 사태를 일체의 너그러운 태도로, 타인을 이해하는 관점에서 보려는 마음입니다.******* 다른 사람의 고통을 공감하는 사랑입니다. 그가 겪는 비참과 고통이 제거되기를 원하는 마음입니다. 죄인을 향한 하나님의 성품에서 비롯된 것입니다.

*** "긍휼히 여기는 자는 복이 있나니…"(μακάριοι οἱ ἐλεήμονες…). '긍휼히 여기는'에 해당하는 헬라어 형용사 엘레에몬(ἐλεήμων)은 '자비, 긍휼'을 의미하는 명사 엘레오스(ἔλεος)에서 왔다. 이 단어의 히브리어 동치어는 라하밈(רַחֲמִים)이다(창 43:14, 사 63:7). 라하밈은 '자궁, 태'를 뜻하는 단어 레헴(רֶחֶם)과 동일 어근이다(창 20:18, 민 3:12). 이는 긍휼이 어머니가 자녀를 불쌍히 여기는 마음과 관련이 있음을 보여준다(왕상 3:26). Ludwig Koehler, Walter Baumgartner, *The Hebrew and Aramaic Lexicon of the Old Testament*, vol. 2(ם-ת), trans. M. E. J. Richardson (Leiden: Brill, 2001), 1981.

**** R. T. France, *The Gospel of Matthew*, in *The New International Commentary on the New Testament* (Grand Rapids: Wm. B. Eerdmans Publishing Company, 2007), 168.

***** R. T. France, *The Gospel of Matthew*, in *The New International Commentary on the New Testament* (Grand Rapids: Wm. B. Eerdmans Publishing Company, 2007), 168.

엄마와 아이를 생각해 보십시오. 비록 아이가 스스로 잘못해서 고통당한다 할지라도, 엄마는 그것이 마땅하다고 여기지 않습니다. 남들은 아이의 잘못을 말할지라도, 엄마는 자식의 고통에 함께 아파합니다. 긍휼히 여기기 때문입니다.

누군가 비참하게 되었다면 이유가 있을 것입니다. 그러나 사랑은 이유에 주목하지 않습니다. 그가 겪고 있는 불행과 비참에 마음 아파합니다. 이것이 긍휼히 여기는 것입니다. 예수 그리스도께서 열두 제자를 사도로 세우신 동기에 대해 이렇게 말합니다.

"무리를 보시고 불쌍히 여기시니 이는 그들이 목자 없는 양과 같이 고생하며 기진함이라"(마 9:36).

'불쌍히 여기시니'로 번역된 헬라어 에스프랑크니스쎄($\dot{\epsilon}\sigma\pi\lambda\alpha\gamma\chi\nu\acute{\iota}\sigma\theta\eta$)는 '창자에 이르기까지 감동을 받다.'라는 뜻입니다.*

당시 팔레스타인 사람들은 인간의 영혼이 창자에 있다고 여겼습니다. 그러니 이 말은 마음 깊은 곳이 떨리기까지 불쌍히 여기셨다는

---

* "to be moved as to one's bowels, hence to be moved with compassion, have compassion. (for the bowels were thought to be the seat of love and pity)." Joseph H. Thayer, *A Greek-English Lexicon of the New Testament* (Grand Rapids: Baker Book House, 1977), 584.

의미입니다. 우리 말로 표현하자면 '가슴이 찢어지는 것 같으셨다.'라는 뜻입니다. 그 마음이 제자들을 사도로 파송하게 하였습니다.

진나라의 환온(桓溫, 312-373)이라는 장수가 촉나라를 정벌하던 때 일입니다. 군사들을 태운 배가 양쯔강을 거슬러 올라가 삼협에 이르렀을 때, 병사 중 하나가 나무에서 놀고 있던 새끼 원숭이 한 마리를 사로잡았습니다. 사로잡힌 채 배에 실려 가는 새끼를 본 어미 원숭이는 100리쯤 강변을 따라가며 울부짖었습니다. 배가 포구에 멈췄을 때 어미 원숭이는 급히 배에 뛰어오르고는 이내 죽어 버렸습니다. 이를 본 병사들은 어미 원숭이의 사인(死因)이 궁금했습니다. 배를 갈라 보았습니다. 그들은 깜짝 놀랐습니다. 울부짖으며 새끼를 따라왔던 어미 원숭이의 창자가 토막토막 끊어져 있었습니다. '단장(斷腸)의 슬픔'이라는 말이 여기서 유래되었습니다.**

그리스도께서 백성들을 긍휼히 여기신 것은 그들이 목자 없는 양같이 고생하며 기진하였기 때문입니다. 그들이 고통받게 된 원인은 무엇이었을까요? 한편으로는 종교 지도자들의 그릇된 가르침 때문이었고, 또 한편으로는 그들 스스로 하나님을 떠났기 때문이었습니다(렘 2:13). 그러나 그리스도께서는 백성들의 비참한 상태에 마음 아파하셨습니다.

** 유의경, 『세설신어(世說新語) 4』, 임동석 역주 (서울: 동서문화사, 2011), 1751.

긍휼의 마음은 선악의 판단을 배제하지 않습니다. 죄까지 용납하지는 않습니다. 오히려 불쌍히 여기기에 바르게 판단합니다. 이는 슬퍼하면서도 자신을 잃지 않는 '애이불비'(哀而不悲)의 마음입니다.*

간음하다가 현장에서 붙잡힌 여자가 끌려왔습니다. 변명의 여지가 없었습니다. 율법에 따라 돌로 쳐서 죽임 당할 처지가 되었습니다. "예수께 말하되 선생이여 이 여자가 간음하다가 현장에서 잡혔나이다 모세는 율법에 이러한 여자를 돌로 치라 명하였거니와 선생은 어떻게 말하겠나이까"(요 8:4-5).

죄를 미워하셨습니다. 그러나 사람은 사랑하셨습니다. 율법을 존중하면서도 그녀를 살게 할 지혜를 보여주셨습니다. "…너희 중에 죄 없는 자가 먼저 돌로 치라 하시고"(요 8:7).

사람들이 자리를 떠난 후 말씀하셨습니다. "…나도 너를 정죄하지 아니하노니 가서 다시는 죄를 범하지 말라 하시니라"(요 8:11). 여인의 비참에 마음 아프셨습니다. 죄는 미워하셨지만 죄인은 불쌍히 여기셨습니다. 이것이 긍휼입니다.

---

* 사전적으로 '비록 슬프기는 하나 지나치게 슬퍼하지 않음'이라는 뜻이다. 국어국문학회, 『국어대사전』(서울: 민중서관, 2001), 1671. 그러나 이 말은 슬픔의 주체성과 관련이 있다. '애'(哀)는 감정이 이성의 지배를 뛰어넘지 않은 슬픔이고, '비'(悲)는 감정 때문에 주체성을 가누지 못하는 슬픔이다.

긍휼에 빚진 자의 삶

어떤 사람이 1만 달란트를 빚졌습니다. 당시 1달란트는 6,000데나리온인데, 1데나리온은 장정이 하루 노동해서 받을 수 있는 품삯이었습니다. 1만 달란트는 장정 한 사람이 주 5일 근무로 약 23만 년 이상 일해야 받을 수 있는 금액이었습니다. 요즘 일당을 15만 원으로 잡으면 약 9조 원에 해당하는 액수입니다. 일평생 모아도 종으로 일해서는 갚을 수 없는 금액이었습니다.

왕은 그를 불쌍히 여겼습니다. 빚을 탕감해 주었습니다. 그런데 탕감받은 사람은 왕의 은혜를 잊어버렸습니다. 길에서 자신에게 100데나리온 빚진 동료를 만났습니다. 갚으라고 독촉했습니다. 100데나리온은 약 1,500만 원 정도의 액수입니다. 자신은 큰 빚을 탕감받고도 조금 빚 진 자를 불쌍히 여기지 않았습니다. 오히려 동료를 감옥에 갇히게 했습니다(마 18:30).

비유 끝에서 말씀하십니다. "내가 너를 불쌍히 여김과 같이 너도 네 동료를 불쌍히 여김이 마땅하지 아니하냐…"(마 18:33).

이 비유가 상기시키는 것이 있습니다. 우리 모두 하나님께 진 죄의 빚을 탕감받은 사람들이라는 사실입니다. 그러니 우리에게 죄 지은 자들을 불쌍히 여기는 것이 마땅하다는 것입니다(눅 11:4).

이전에 우리는 하나님 모르던 사람들이었습니다. 그분을 멀리 떠나 욕심대로 살았습니다. 어둠 가운데 그늘진 사랑을 우거지게 하여 비참해진 사람들이었습니다. 그런데 그분께 돌아왔습니다. 무엇 때문입니까? 형벌이 두려워서였습니까? 아닙니다. 하나님의 사랑 때문이었습니다. 우리를 불쌍히 여기신 긍휼 때문이었습니다. 죄 때문에 비참하게 되었으나 불쌍히 여기셨습니다. 오직 하나님 무한한 사랑 때문이었습니다.

"우리를 구원하시되 우리가 행한 바 의로운 행위로 말미암지 아니하고 오직 그의 긍휼하심을 따라 중생의 씻음과 성령의 새롭게 하심으로 하셨나니"(딛 3:5).

하나님과 인간 사이에는 언약 관계가 있습니다. 상호 약속의 관계입니다. 그런데 인간은 수시로 약속을 어겼습니다.

정의의 관점에서 보면, 책임을 묻고 관계를 끊으시면 됩니다. 하나님의 입장에서는 아쉬운 것이 없으십니다. 당신은 의롭고 우리는 불의했습니다. 그러나 사랑하셨기에 우리가 모질게 떠나도 변함없이 불쌍히 여기셨습니다.

죄 때문에 멀리 떠난 하나님께 다시 돌아가고 싶어도 우리는 스스로 그렇게 할 수 없었습니다. 스스로 하나님 앞에 설 수 있을 만큼 의롭게 될 수 없었기 때문입니다.

이런 우리를 위해 아들을 보내셔서 십자가에서 죽게 하셨습니다. 대신 저주를 받게 하셨습니다. 죄를 지은 것은 우리였지만 그 비참에 가슴 아파하신 것은 하나님이셨습니다. 이렇듯 정의는 사랑에 의해 완성됩니다(마 1:19).*

긍휼로 천국의 질서를 보여주십시오

이 악한 세상에서 두 성품이 날카로운 대조를 이룹니다. 인간의 포악과 하나님의 긍휼이 그것입니다.

가인은 인류 역사상 첫 번째 살인자가 되었습니다(창 4:8). 동생을 죽이고 하나님 앞에서 쫓겨났습니다. 그가 에녹을 낳습니다(창 4:14, 17). 하나님 없는 가정을 꾸렸고 자손은 번성합니다. 세상 나라의 시작이었습니다.

가인의 후손 라멕에게는 두 아내가 있었습니다(창 4:19). 그는 말합니다. "…아내들이여 내 말을 들으라 나의 상처로 말미암아 내가 사람을 죽였고 나의 상함으로 말미암아 소년을 죽였도다"(창 4:23).

어떤 사람이 라멕에게 상처를 내었습니다. 일부러 그랬을 수도 있고 실수였을 수도 있습니다. 이에 대해 라멕은 살인으로 응징했습니다. 그리고는 하나님을 조롱하듯이 말합니다. "가인을 위하여는

---

* 김남준, 『교회와 하나님의 사랑』 (서울: 익투스, 2019), 162-163; 『염려에 관하여』 (서울: 생명의말씀사, 2020), 182.

벌이 칠 배일진대 라멕을 위하여는 벌이 칠십칠 배이리로다 하였더라"(창 4:24).

가인을 해친 자는 일곱 배의 벌을 받았지만 자신을 해친 자는 77배의 벌을 받게 되리라고 합니다. 자신은 하나님보다 더 높은 기준으로 심판하겠다는 것입니다. 거기서 우리는 인간의 존엄성에 대한 어떤 생각도 발견할 수 없습니다. 자기밖에 모르는 포악만 보게 됩니다. 심판하시는 하나님의 자리에 자기가 앉은 교만입니다.

악인은 나쁜 사람이 아니라 긍휼을 모르는 사람입니다. 하나님의 긍휼을 알지 못하면 아무도 착한 사람이 아닙니다. 당신에게 진심으로 불쌍히 여기는 사람이 있습니까?

하나님 사랑을 기억할 때만 다른 사람을 긍휼히 여길 수 있습니다. 용서하고 불쌍히 여길 수 있습니다. 긍휼은 하나님 나라의 특징입니다. 세상이 악해질수록 더욱 빛나야 할 성품입니다. 포악으로 얼룩진 세상에서 긍휼히 여기는 자는 빛납니다.

긍휼히 여기는 자의 복

오늘날은 자비심 없는 시대입니다. 그래서 긍휼히 여기며 살아가는 사람들은 더욱 빛납니다. 그들이 복됩니다. 하나님으로부터 긍휼히 여김을 받을 것이기 때문입니다.

"…그들이 긍휼히 여김을 받을 것임이요"(마 5:7).*

이것은 대가(代價)가 아닙니다. 긍휼의 마음은 먼저 받은 하나님 사랑에서 비롯됩니다. 불쌍히 여기는 마음 안에 이미 긍휼히 여기시는 하나님이 계시기 때문입니다.

유일한 희망은 하나님의 긍휼에 있습니다. 인간을 구원하려는 계획도 불쌍히 여기시는 하나님의 마음으로부터 시작되었습니다. 종교개혁가 마르틴 부처(Martin Bucer, 1491-1551)의 고백을 기억하십시오. "믿음으로 의롭게 여김을 받았다는 것은 오직 하나님의 자비만을 의지함으로 의롭다고 선언 받은 것이다."**

인생길을 돌아보십시오. 이만큼 살 수 있었던 것은 불쌍히 여기신 하나님 덕분이었습니다. 용서하시는 은혜와 강권하시는 사랑 때문이었습니다(고후 5:14).

---

* '긍휼히 여김을 받을 것임이요'에 해당하는 헬라어 동사 엘레에쎄손타이(ἐλεηθήσονται)는 '긍휼히 여기다, 불쌍히 여기다.'라는 뜻을 가진 헬라어 엘레에오(ἐλεέω)의 미래형, 수동태, 3인칭 복수, 직설법이다. Walter Bauer, Frederick W. Danker, William F. Arndt, F. Wilbur Gingrich, eds., *A Greek-English Lexicon of the New Testament and Other Early Christian Literature*, 3rd ed. (Chicago: University of Chicago Press, 2000), 315.

** Martin Bucer, *Common Places of Martin Bucer*, trans. & ed. D. F. Wright (Appleford: Sutton Courtenay Press, 1972), 164; 김남준, 『염려에 관하여』 (서울: 생명의말씀사, 2020), 193.

"그런즉 원하는 자로 말미암음도 아니요 달음박질하는 자로 말미암음도 아니요 오직 긍휼히 여기시는 하나님으로 말미암음이니라"(롬 9:16).

은혜의 깊이는 그분의 긍휼을 경험한 깊이입니다. 그 경험에 강퍅한 마음이 녹고 연약한 마음에 힘이 생깁니다. 좌절을 딛고 다시 살아갈 희망이 솟습니다(사 40:31).

하나님의 긍휼은 하늘 문을 여는 것입니다. 쏟아지는 찬란한 빛으로 자신을 보게 됩니다. 자신이 얼마나 소중한 존재인지를 알게 됩니다. 영혼을 가진 위대한 존재임을 깨닫게 됩니다. 염려하면서 사는 것은 자기가 소중한 존재인 줄 모르기 때문입니다.* 그것을 아는 것이야말로 인생을 하나님의 관점에서 보는 것입니다.

이제껏 산 것도 불쌍히 여기시는 사랑 때문이 아니었습니까? 긍휼히 여겨 주지 않으셨다면, 어둠 속에 살았을 것입니다. 고난 속에서 무너졌을 것입니다. 슬픔 속에 절망하고 말았을 것입니다. 불쌍히 여기시는 하나님의 눈물 때문에 살아 있습니다.

하나님의 사랑을 묵상하십시오. 그 사랑으로 불쌍히 여기심을 깊이 생각하십시오. 두 뺨 적시며 흐르는 눈물을 주먹으로 닦으십시오. 철그렁거리는 죄의 사슬에 묶인 채 낯선 비애의 땅으로 저 멀리 죽음

* 김남준, 「염려에 관하여」 (서울: 생명의말씀사, 2020), 57.

을 향해 걸어가던 때를 생각하십시오. 어떻게 자유를 주셨는지를 회상해 보십시오. 얼마나 불쌍히 여겨 주셨는지를 기억해 보십시오.

사랑받기 원하십니까? 불쌍히 여김을 받고 싶으십니까? 가까이 있는 가엾은 사람을 불쌍히 여기십시오. 우리 인생은 타인의 삶과 함께 직조되는 옷감과 같습니다. 그래서 인생은 가끔 자기 바깥에서 전개되어 갑니다. 나를 위해 살았는데 내 인생이 아니었다는 말도, 남 위해 살았는데 내 인생이었다는 말도 그래서 나옵니다.

예수 믿는 것은 잘살기 위해서입니다. 나 없이 다른 사람들만, 다른 사람들 없이 나만 잘사는 삶은 없습니다. 긍휼히 여김을 받는 자는 고독하지 않고, 불쌍히 여기는 사람은 허무하지 않습니다. 그들의 마음에 하나님이 계시기 때문입니다. 내일 스러질 들풀도 오늘은 생명을 누리듯이 오늘을 살게 하시기 때문입니다.

아무리 많은 사람에게 분에 넘치는 사랑을 받아도 외로울 수 있습니다. 그러나 한 사람을 불쌍히 여기는 사람은 외롭지 않습니다. 이미 그가 사랑 안에 있기 때문입니다.

사랑은 비참한 자를 대할 때 긍휼로 나타납니다. 경건한 자는 죄를 생각할 때 떨게 되고 죄인을 대할 때 가슴이 미어집니다. 왜냐하면 죄가 가져다준 비참한 결과를 죄인에게서 보기 때문입니다. 사랑은 나와 타인을 가로지르며 흐르는 다리와 같으니 남의 비참이 곧 자신의 고통입니다. 하나님의 긍휼을 경험하는 것이 곧 은혜의 세계를 아는 것입니다.

그러므로 외로운 사람의 친구가 되어 주십시오. 슬픈 자의 위로자가 되십시오. 흐느끼는 자의 눈물을 닦아 주십시오. 그가 홀로 있지 않음을 느끼기 전에 당신이 혼자가 아님을 먼저 느끼게 될 것입니다. 당신은 아프지 않을 것입니다. 왜냐하면 하나님의 긍휼히 여기심을 받을 것이기 때문입니다.

누군가 묻습니다. "변함없으신 하나님이 어떨 때는 우리를 불쌍히 여기시고, 어떨 때는 그리하지 않으시는가?" 그러실 리 없습니다.

하나님은 완전하십니다. 영원한 사랑이십니다(요일 4:16). 사랑이시기에 변함없이 죄인을 긍휼히 여기십니다.

그러나 그분을 대적하는 동안에는 그것을 알지 못합니다. 뉘우칠 때 비로소 깨닫게 됩니다. 자신의 비참을 깨닫고 주저앉을 때에야 하나님의 팔이 자기 어깨에 얹힌 것을 느낍니다. 얼마나 긍휼히 여기셨는지 알게 됩니다.

하나님은 영원 전부터 사랑이셨습니다. 세상이 창조되기 전에도 사랑이셨습니다. 아직 사랑하실 사람이 없을 때조차도 삼위일체 하나님은 위격(位格) 간에 서로를 사랑하심으로 사랑이셨습니다.*

---

* "…인간의 사랑은 대개 자기 밖에 존재하는 것의 아름다움에서 생겨납니다. 이에 비하여 삼위 하나님의 사랑의 원인은 하나님 자신 안에 있습니다. 하나님의 사랑은 하나님 밖에 있는 어떤 원인 때문에 생긴 것이 아닙니다. 세 위격이 무한히 아름다우시기 때문에 사랑으로 교통하십니다(요 5:20, 10:17)." 김남준, 『교회와 하나님의 사랑』 (서울: 익투스, 2019), 22-23.

영원 전에는 긍휼히 여길 대상이 없었고 창조된 후 복된 상태에 있을 때도 비참이 없었습니다. 그러나 하나님을 떠나자, 인간은 비참하고 불행하게 되었습니다. 세상도 비참하게 되었습니다.

이러한 인간의 비참은 밤하늘 되어 긍휼이라는 별빛들을 찬란하게 하였습니다. 비참의 검은 주단 위에 긍휼의 보석이 빛나게 하셨습니다. 하나님 없이 살 수 없음을 깨닫게 해주었습니다(롬 5:8).

맺는말

받은 사랑 있어야 나눌 사랑 있는 법입니다. 하나님이 긍휼히 여기셔서 이제껏 살아온 것을 기억하십시오. 인생의 보람은 남을 위해 사는 데 있고, 그렇게 산 사람은 외롭지 않습니다.

최고의 감동은 비참한 처지에서 불쌍히 여김을 받는 것입니다. 그 마음은 죽은 자처럼 있을 사람을 산 자로 살게 합니다. 긍휼히 여기는 사람은 비참한 자에게 존귀함을 일깨워 줍니다. 모욕과 수치를 뒤집어쓴 채 젖은 짚단을 태우듯 살아가던 사람에게 희망을 줍니다.

한 사람을 긍휼히 여기는 사람이 세상을 바꾸는 사람입니다. 우리는 자신이 존엄하다는 사실을 깨달아야 합니다. 그런 사람이 남도 존엄하게 여기지 않겠습니까? 그렇지 않고 이 비참한 세상이 어찌 다른 세상이 되겠습니까?

그리스도의 생애는 죄인을 불쌍히 여기신 일생이었습니다. 죄인의 비참함에 마음 아파하셨습니다. 우리는 그 일을 뒤잇도록 부름받았습니다. 비참에 처한 사람을 불쌍히 여기며 하나님 앞에서 흘린 눈물은 면류관에 박힌 보석이 될 것입니다.

긍휼히 여기는 자

한·눈·에·보·는·6장

I. 들어가는 말

의에 주리고 목마른 사람들은 하나님 뜻대로 살고자 애쓴다.
그때 불의한 사람들을 정죄하고 미워하기 쉽다.
그러나 의를 추구하는 마음과 긍휼히 여기는 마음은 상충되지 않는다.
오히려 긍휼함의 유무로 의를 추구하는 마음이 참된지가 가려진다.

II. 긍휼의 의미

긍휼은 오래 참음, 자비와 함께 사랑의 한 국면이다.
고통받는 자의 비참과 고통이 제거되기를 바라는 사랑이다.
예수께서는 이 마음을 소유한 사람이 복되다고 하신다.
"긍휼히 여기는 자는 복이 있나니…"(마 5:7).
그럴지만 긍휼이 죄까지 용납하는 것은 아니다.
죄는 미워하나 죄인은 사랑하는 것, 이것이 참된 긍휼이다.

III. 긍휼히 여기는 자의 복

하나님은 큰 죄를 용서하셨다. 큰 사랑을 베푸셨다.
그러니 우리는 마땅히 타인을 불쌍히 여겨야 한다.
그렇게 긍휼히 여길 때 복을 받게 될 것이다.
"…그들이 긍휼히 여김을 받을 것임이요"(마 5:7).
우리를 긍휼히 여기시는 분은 하나님이시다.
이만큼이라도 살 수 있었던 것은 주님의 긍휼 덕분이다.
하나님은 긍휼을 통해서 다시 살아갈 은혜를 주셨다.
강퍅한 마음은 녹고 연약한 마음에 새 힘이 생겼다.
그래서 은혜의 깊이는 그분의 긍휼을 경험한 깊이다.
하나님의 사랑을 경험하고 싶다면 타인을 불쌍히 여기라.
그러면 하나님의 긍휼을 경험하게 될 것이다.
인간의 유일한 희망은 하나님의 긍휼에 있다.

IV. 맺는말

받은 사랑을 세어 보라. 얼마나 큰 사랑을 받았는가.
그만큼 당신은 소중한 존재다. 타인도 그러하다.
그러니 다른 사람들을 불쌍히 여겨라.
그러면 하나님의 더 큰 사랑을 받게 될 것이다.

참된 신앙의 깊이는 만물 속에서 하나님의 아름다움을 인식하는 깊이입니다. 마음이 정결한 사람에게는 모든 장소가 하나님의 성소가 됩니다. 풀잎 끝에 매달린 이슬에, 우주를 휘도는 별들의 운행에 감탄합니다. 그 아름다움을 사람 안에서 발견합니다. 거기서 하나님의 아름다움을 발견하도록 자극을 받습니다. 또한 자연의 아름다움을 보면서 사회의 질서를 아름답게 하고자 하는 마음을 갖게 됩니다.

마음이 정결한 자는 하나님을 봅니다. 인간의 삶과 세상만사를 통해서 그분의 성품이 어떻게 드러나는지를 봅니다. 그리고 거기서 뿜어져 나오는 아름다운 빛 때문에 마음은 더욱 하나님께 이끌리게 됩니다. 그분을 사랑하게 됩니다.

제7장

마음이 청결한 자

"복이 있도다, 그 마음에 있어서 청결한 자들이여.
왜냐하면 그들이 그 하나님을 볼 것이기 때문이다"(마 5:8, KNJ 私譯).

μακάριοι οἱ καθαροὶ τῇ καρδίᾳ,
ὅτι αὐτοὶ τὸν θεὸν ὄψονται.

저자의 설교 '마음이 청결한 자의 복 1', '마음이 청결한 자의 복 2'로 연결됩니다.

들어가는 말

천국을 소유하는 것은 큰 복입니다. 하나님의 위로를 받는 것도 그러합니다. 온유함으로 세상을 정복하는 것도 사모해야 합니다. 의에 목마르지 않고 어찌 빛으로 살아갈 수 있겠습니까?

이 모든 행복은 하나님의 얼굴 보는 것으로부터 시작됩니다. 모든 것이 있어도 하나님을 볼 수 없다면 거기가 어찌 하늘나라이겠습니까? 팔복의 핵심은 하나님을 보는 것입니다. 보고 경험하며 함께하는 것입니다. 그 복을 마음이 청결한 자가 받습니다.

"마음이 청결한 자는 복이 있나니 그들이 하나님을 볼 것임이요"(마 5:8).

청결함이란 무엇인가?

'청결(淸潔)하다.'라는 것은 '깨끗하게 된 상태, 아무것도 섞이지 않은 순수한 상태'를 의미합니다.* 옷 같은 것을 빨아서 더러움이 모두 제거된 상태를 뜻합니다. 성경의 용례들을 종합해 보면, 청결함이란 제의적인 청결함뿐만 아니라 마음과 생활의 깨끗함입니다.

역사적으로, 여호와 신앙이 유대교로 변질되면서 청결함의 개념도 달라졌습니다. 이것을 외적 문제에 치중해서 생각한 것입니다. 유대인들은 제사와 정결에 관한 율법을 잘 준수하면, 하나님 앞에 청결하게 될 수 있다고 믿었습니다. 그러나 이것은 심령적 청결함과 제의적 청결함, 그리고 도덕적 청결함을 모두 아우르는 통전적인 이해를 떠난 것입니다.

---

* 본문 "마음이 청결한 자는 복이 있나니 그들이 하나님을 볼 것임이요"(μακάριοι οἱ καθαροὶ τῇ καρδίᾳ, ὅτι αὐτοὶ τὸν θεὸν ὄψονται)에서 '청결한'에 해당하는 헬라어 형용사 카싸로스(καθαρός)는 '깨끗한, 불순물이 섞이지 않은, 순수한'이라는 뜻이다. 이는 '도덕적 불결로부터, 또는 제의적 불결로부터 깨끗한 것'을 가리키기도 한다. Walter Bauer, Frederick W. Danker, William F. Arndt, F. Wilbur Gingrich, eds., *A Greek-English Lexicon of the New Testament and Other Early Christian Literature*, 3rd ed. (Chicago: University of Chicago Press, 2000), 489. 이 단어의 히브리어 동치어는 타호르(טָהוֹר)인데, '의식적 정결함(레 13:17), 도덕적 깨끗함(시 12:7, 19:10), 심령의 청결함(욥 14:4)' 등을 뜻한다. Wilhelm Gesenius, *Gesenius' Hebrew and Chaldee Lexicon to the Old Testament Scriptures*, trans. Samuel Prideaux Tregelles (Grand Rapids: Baker Book House, 1984), 318.

예수님의 탄식이 생각나지 않습니까? "너희가 하나님의 계명은 버리고 사람의 전통을 지키느니라"(막 7:8).

이러한 잘못을 바로잡기 위해 '마음'이라는 단어를 넣으셨습니다.** 율법의 준수가 마음을 청결케 할 수 없음을 보여주셨습니다. 경외하는 마음에는 청결함이 요구됩니다.

마음은 한 사람의 생각과 정서와 의지, 나아가 삶 전체를 움직이는 사령부입니다.*** 마음으로 하나님을 찾기도 하고 버리기도 합니다(신 4:29, 왕상 2:44).

마음의 부패가 범죄의 원인입니다(렘 17:9). 죄인이 하나님께로 돌아올 때 먼저 돌이켜야 할 것이 마음입니다(겔 14:6).

청결은 불결과 더러움이 없는 상태입니다. 그것은 마음이 텅 빈 상태가 아닙니다. 오히려 하나님 사랑이 가득 차서 다른 것들에 대한 사랑이 사라진 상태입니다.****

** 본문 "마음이 청결한 자는 복이 있나니…"(μακάριοι οἱ καθαροὶ τῇ καρδίᾳ…)를 보면, 우리말 성경에는 '마음'이 주어처럼 등장하지만, 헬라어 성경에는 '마음'에 해당하는 단어 카르디아(καρδία)가 단수, 여격으로 사용되었으며 그것을 한정하는 관사 테(τῇ)가 붙어 있다. 즉, "그 마음에 관하여, (그 마음에 있어서) 청결한 자는 복이 있다."(Blessed are the pure in heart)이다.

*** 김남준, 『마음지킴』 (서울: 생명의말씀사, 2003), 19-39, 62-70.

**** 김남준, 『하나님의 깊은 사랑을 경험하라』 (서울: 생명의말씀사, 2012), 27-31.

하나님은 사랑이십니다. 사랑은 자신과 영원히 교통하시려는 성품입니다.* 사랑하는 마음은 하나님의 질서 안에 있기를 좋아합니다. 이기적인 사랑은 깨뜨려지고, 하나님과 이웃을 참되게 사랑합니다. 청결한 마음은 동기와 욕구에 있어서 하나님 뜻을 거스르지 않습니다. 곧, 마음을 다하고 목숨을 다하고 뜻을 다하고 힘을 다하여 주 하나님을 사랑합니다(막 12:30).

의문이 생깁니다. 정말 사랑 때문에 마음의 동기와 욕구가 완전히 하나님 뜻에 복종하는 것이 가능할까? 여기서 두 가지를 생각해야 합니다. 회심하는 순간 도달하는 청결함과 성화를 통하여 도달해야 하는 청결함입니다.**

첫 회심의 순간, 하나님만 사랑하게 됩니다. 은혜의 샘이 터지고 사랑이 쏟아지게 됩니다.*** 모든 죄를 미워하게 됩니다. 그릇된 삶의

---

* "…그것(사랑)은 자기 자신과 영원히 교통하고자 감동되시는 하나님의 완전성으로 정의될 수 있다"(…it may be defined as that perfection of God by which He is eternally moved to self-communication). Louis Berkhof, *Systematic Theology* (Grand Rapids: Wm. B. Eerdmans Publishing Company, 1996), 71.

** "성화란 구원받은 죄인을 죄의 부패에서 깨끗하게 하시며, 그의 전 본성을 하나님의 형상으로 갱신하여 그로 하여금 선한 일을 할 수 있게 하시는 성령님의 은혜롭고 계속적인 작용이다." Louis Berkhof, *Systematic Theology* (Grand Rapids: Wm. B. Eerdmans Publishing Company, 1996), 529–530.

*** John Owen, *Indwelling Sin in Believers*, in *The Works of John Owen*, vol. 6, ed. William H. Goold (Edinburgh: The Banner of Truth Trust, 1991), 290.

동기는 십자가에 못 박히고, 하나님 뜻대로 살고자 합니다. 회심으로 청결한 마음이 됩니다. 하나님 사랑이 아니면 결코 만족할 수 없는 경향성이 심겨집니다. 그 경향성은 약해질 수도 있고 강해질 수도 있습니다. 그것은 성화의 진전에 달려 있습니다.

그리스도인이 된다는 것은 새로운 방식으로 잘 정돈된 삶을 살게 되었다는 것입니다. 그러면 잘 정돈된 삶이란 무엇입니까? 개인과 세상의 우주적 지평과 관련됩니다. 개인적으로는 영혼과 마음에 관한 것입니다. 사회적으로는 정의와 사랑에 관한 것입니다. 우주적으로는 질서와 조화에 관한 것입니다. 즉 청결한 마음은 하나님이 정하신 질서를 기쁘게 받아들입니다. 자신과 교회와 세상 안에 이 질서가 이뤄지기를 갈망합니다.

마음의 청결함은 항구적이지 않습니다. 늘 깨끗하게 하시는 은혜가 필요합니다. "…무릇 열매를 맺는 가지는 더 열매를 맺게 하려 하여 그것을 깨끗하게 하시느니라"(요 15:2).

청결함으로 마음이 질서 있게 되고, 그 마음으로 타인과 올바른 관계를 맺습니다. 하나님 사랑하는 마음으로 모든 질서를 다시 세웁니다. 이로써 인간과 만물의 쉼과 행복한 상태를 증진할 수 있습니다.****

**** 김남준, 『인간과 잘 사는 것』 (서울: 생명의말씀사, 2015), 154.

마음이 청결해지는 길

만물보다 거짓되고 부패한 것이 인간의 마음입니다(렘 17:9). 인간은 스스로 마음을 깨끗게 할 수 없습니다. 마음은 영혼의 작용입니다. 마음의 변화를 위해서는 영혼의 변화가 필요합니다. 청결해지는 길에 대해 두 가지를 깊이 생각해야 합니다.

첫째로, 속죄(贖罪)의 씻음입니다. 제사장들이 회막에 들어가려면 물두멍에서 손발을 씻어야 했습니다. 그렇게 청결케 하지 않으면 죽을 수 있었습니다. 제사를 드릴 때도 마찬가지였습니다(출 30:20). 화목제를 드릴 때도 청결케 되어야 했습니다. 거제를 드리며 화목제의 피를 뿌린 것도 이 때문입니다(레 7:14). 그리스도의 십자가 피로 죄인들이 청결케 될 것을 바라본 것입니다. 보혈의 은혜로 청결케 됩니다. 거룩한 보좌로 나아갈 수 있습니다. 선지자에게 하신 약속을 따라 그리스도께서 오셨습니다(롬 1:2). 죄를 회개하고 믿을 때, 마음은 청결케 됩니다.

> "하물며 영원하신 성령으로 말미암아 흠 없는 자기를 하나님께 드린 그리스도의 피가 어찌 너희 양심을 죽은 행실에서 깨끗하게 하고 살아 계신 하나님을 섬기게 하지 못하겠느냐"(히 9:14).

둘째로, 은혜(恩惠)의 승리입니다. 신자는 십자가의 피로 단번에 청결하게 되었습니다(히 4:16). 그러나 그 마음은 영구히 고정된 것이 아닙니다. 보고 듣는 것, 접촉하는 모든 것들을 통해 수시로 더러워집니다. 죄의 본성 때문에 불결해집니다. 솟아나는 생각들로 오염됩니다. 불결한 마음속에서 정신은 갈 길을 잃고 생활은 무질서하게 됩니다. 오직 거룩하게 하시는 은혜로 극복될 수 있습니다. 청결케 하는 것은 오직 말씀입니다(엡 5:26).

> "나는 참포도나무요 내 아버지는 농부라 무릇 내게 붙어 있어 열매를 맺지 아니하는 가지는 아버지께서 그것을 제거해 버리시고 무릇 열매를 맺는 가지는 더 열매를 맺게 하려 하여 그것을 깨끗하게 하시느니라 너희는 내가 일러 준 말로 이미 깨끗하여졌으니"(요 15:1-3).

좋은 환경은 나쁜 마음을 갖지 않는 데 도움이 될 수 있습니다. 그러나 그것이 마음을 청결케 할 수는 없습니다. 왜냐하면 세속(世俗)은 세상이 아니라 마음속에 있기 때문입니다. 혼자 있어서 청결하지 않은 마음은, 지구를 떠나도 청결하게 될 수 없습니다.

지식도 마음을 깨끗하게 할 수 없습니다. 교육이 마음을 순결하게 하지 못합니다. 오직 말씀의 감화를 통해서만 청결케 됩니다. 말씀으로 역사하고 성령으로 감화하실 때 죄를 깨닫고 회개하게 됩니다.

신령한 은혜는 하나님을 사랑하게 합니다. 사랑은 정욕을 내쫓습니다. 정욕을 버릴 때 죄도 사라집니다. 순결하기 때문에 사랑하게 되는 것이 아니라, 사랑하기 때문에 순결하게 됩니다(눅 7:47).

회개의 눈물은 마음의 불결을 씻어 냅니다. 그 눈물에 씻길 때, 지성은 잠시 있는 것과 영원한 것을 분간하게 됩니다. 조금 있는 것은 조금 사랑하고, 많이 있는 것은 많이 사랑하고, 무한히 있는 것을 한없이 사랑하게 됩니다.* 그때 마음은 청결해지고 정신은 예지(叡智)에 빛나게 됩니다.

마음이 청결한 자의 행복

시인들은 하나님의 얼굴 보기를 갈망하였습니다(시 11:7, 17:15). 청결케 되기를 사모하였습니다. "우슬초로 나를 정결하게 하소서 내가 정하리이다 나의 죄를 씻어 주소서 내가 눈보다 희리이다"(시 51:7). 마음이 깨끗한 사람만이 하나님을 볼 수 있기 때문입니다.

* 아우구스티누스(Aurelius Augustinus)는 사랑이 인간의 의지를 움직이는 힘이라고 보았다. 그래서 "나의 무게는 나의 사랑"(pondus meum amor meus)이라고까지 말했다. 의지와 행동의 가치를 규정하고 질서 지운다고 여겼다. 그렇기 때문에 마땅히 사랑해야만 하는 것에 주의를 기울이는 것의 중요성을 강조한다. 또한 향유해야(frui) 할 유일한 존재, 곧 하나님을 향한 사랑으로 삶의 모든 것들이 재편되어야 한다고 보았다. Aurelius Augustinus, *Confessiones*(13.9.10), in *Corpus Christianorum Series Latina*, vol. 27 (Turnholti: Brepols, 1996), 103; *De Doctrina Christiana*(1.5.5), in *Corpus Christianorum Series Latina*, vol. 32 (Turnholti: Brepols, 1996), 9; *De Civitate Dei*(15.22), in *Corpus Christianorum Series Latina*, vol. 48 (Turnholti: Brepols, 1955), 488.

"…그들이 하나님을 볼 것임이요"(마 5:8).

팔복의 조건 뒤에는 보상의 약속들이 뒤따릅니다. 그러나 이것은 보상을 받기 위해 노력하라는 의미가 아닙니다. 천국을 소유하려면 심령이 가난한 자가 되라거나, 위로를 받고 싶으면 애통해야 한다는 뜻이 아닙니다.** 그와 같은 해석은 팔복을 마치 현상금을 건 과제처럼 만듭니다.

이것은 천국 백성들이 누릴 은혜의 선물입니다. 그들의 인격적인 특징입니다. 마음이 청결한 자의 복은 임재 안에 하나님을 보는 것입니다. 이는 마치 육체의 눈으로 사물을 보는 것처럼 본다는 뜻이 아닙니다.***

일찍이 모세에게 말씀하셨습니다. "또 이르시되 네가 내 얼굴을 보지 못하리니 나를 보고 살 자가 없음이니라"(출 33:20).

** Stanley Hauerwas, *Matthew*, in *Brazos Theological Commentary on the Bible* (Grand Rapids: Brazos Press, 2006), 65.

*** '볼 것이다.'라고 번역된 헬라어 동사 **옵손타이**(ὄψονται)는 **호라오**(ὁράω) 혹은 **옵타노마이**(ὀπτάνομαι)의 미래형, 중간태, 3인칭 복수, 직설법이다. '보다. 방문하다. 경험하다. 목격하다. (마음으로 혹은 영적으로) 인식하다.'라는 뜻이다. Walter Bauer, Frederick W. Danker, William F. Arndt, F. Wilbur Gingrich, eds., *A Greek-English Lexicon of the New Testament and Other Early Christian Literature*, 3rd ed. (Chicago: University of Chicago Press, 2000), 717, 719–720.

하나님은 자연 사물처럼 계시지 않습니다. 크기와 부피, 형체와 색깔을 가지고 시간과 공간 안에 있는 분이 아니십니다.* 그렇다면 하나님을 본다는 것은 무엇일까요? 그것은 두 가지 의미입니다.

첫째로, 하나님의 영광(榮光)을 경험하는 것입니다. 하나님 자신이 영광이시지만 인간은 직접 볼 수 없습니다. 그래서 때로는 특별한 장소와 시간에 거기 계심을 알게 하십니다. 임재의 표징을 보여주십니다. 이것을 '발산적 영광'(radiative glory)이라고 합니다.** 모세가 불 붙었으나 타지 않은 가시나무 떨기를 본 것이나(출 3:1-5), 이스라엘 백성들이 빽빽한 구름에 에워싸인 시내산에서 보았던 하나님의 영광 같은 것들입니다(출 19:16).

---

* 돌이나 나무 같은 자연적 사물들은 한정적(circumscriptively)으로 있고, 영혼과 천사와 같은 영적 사물들은 제한적(definitively)으로 있으며, 하나님은 충만적으로(repletively) 있다. 그러므로 하나님의 존재를 사물을 측정하는 방식으로 생각하려고 해서는 안 된다. 제한적인 사물들은 한정적인 사물의 관점에서 보면 없는 것이 되듯이 하나님을 피조물에 관점에서 보면 그렇게 여겨질 수 있다. 그래서 믿음이 필요한 것이다. Francis Turretin, *Institutes of Elenctic Theology*, vol. 1, trans. George Musgrave Giger (Phillipsburg: P&R Publishing Company, 1992), 197; 김남준, 『깊이 읽는 주기도문』(서울: 생명의말씀사, 2019), 40-41.

** 성경에 나타난 하나님의 영광은 크게 세 범주로 나눌 수 있다. (1) 본체적 영광(essential glory): 하나님의 존재 자체를 가리킨다. (2) 발산적 영광(radiative glory): 특정한 시간 안에서 이루어지는 하나님의 장소적 임재를 가리킨다. (3) 효과적 영광(effective glory): 사람들이 하나님의 존재와 성품을 인정하게 되는 것을 가리킨다. 김남준, 『그리스도인이 빛으로 산다는 것』(서울: 생명의말씀사, 2012), 58-59.

이런 임재의 표징으로 하나님의 거룩하심을 알게 됩니다. 존재에 있어서 모든 피조물을 초월하시며 성품에 있어서 완전하심을 깨닫게 됩니다. 하나님의 영광을 아는 경험의 깊이가 그분을 아는 지식의 깊이입니다(합 2:14).

이때 인간은 자신이 아무것도 아님을 깨닫습니다. 영원하고, 무한하고, 불변하신 하나님에 비해, 자신은 얼마나 덧없고, 유한하며, 하찮은 존재인지를 알게 됩니다. 그때 비로소 모든 인류와 자연 만물이 오직 그분을 의지해 존재함을 알게 됩니다.

영광의 경험을 통해 세계와 인간을 보는 새로운 관점을 갖게 됩니다. 새로운 세계관을 갖는 것입니다. 이것이 바로 사상적으로 그리스도인이 된다는 뜻입니다. 마음이 청결한 사람은 하나님의 영광을 봅니다. 말씀뿐만 아니라 인류와 역사, 마음과 자연 만물 안에서 봅니다.

만물에는 그것들을 지으신 하나님의 흔적이 남아 있습니다.*** 그 신성(神性)의 흔적은 인간이 죄 지은 것에 대해 핑계하지 못할 정도로 분명합니다(롬 1:20). 그러나 성령의 도움 없이 하나님을 찾아갈 수 있

*** 특별 계시(성경) 없이 찾아가기에는 불분명하고, 양심을 거슬러 죄를 지은 것을 변명하기에는 매우 분명한 것이 자연 만물을 통한 일반 계시의 성격이다. 일반 계시에 관한 탁월한 설명을 담고 있는 존 오웬(John Owen)의 책을 참고하라. John Owen, *Biblical Theology* (Morgan: Soli Deo Gloria Publications, 1996), ch. 5-6.

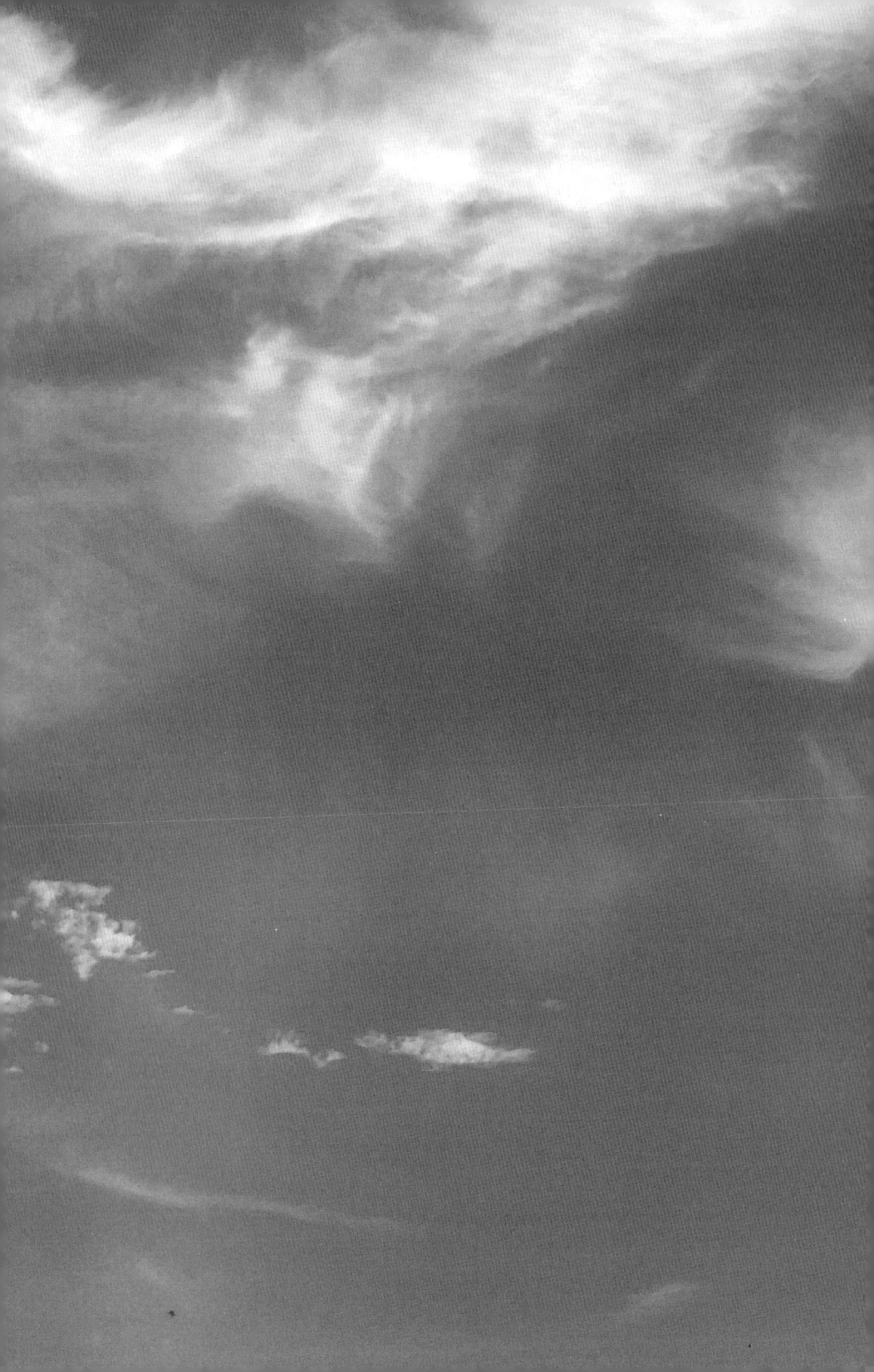

을 정도로 분명하지는 않습니다(행 17:23). 죄로 마음이 어두워졌고 만물의 영광도 희미해졌기 때문입니다(롬 1:21).

> "하늘이 하나님의 영광을 선포하고 궁창이 그의 손으로 하신 일을 나타내는도다 날은 날에게 말하고 밤은 밤에게 지식을 전하니 언어도 없고 말씀도 없으며 들리는 소리도 없으나 그의 소리가 온 땅에 통하고 그의 말씀이 세상 끝까지 이르도다 하나님이 해를 위하여 하늘에 장막을 베푸셨도다"(시 19:1-4).

마음이 청결한 사람은 만물 속에서 창조주의 흔적을 봅니다. 그들에게 세계는 하나님 성품의 아름다운 전개입니다. 그 아름다움이 곧 하나님의 영광입니다. 그 아름다움은 인류 구원의 역사에서 가장 찬란하게 빛납니다.

성경은 하나님의 아름다움의 정수입니다.* 아름다움은, 성경에 가장 진하게 배어 있지만, 물에 잉크가 번지듯이 온 피조물 안에 구석구석 퍼져 있습니다. 참된 신앙의 깊이는 만물 속에서 하나님의 아름다움을 인식하는 깊이입니다. 예배할 때뿐만 아니라 들길을 걸으면

---

* Jonathan Edwards, *A History of the Work of Redemption*, in *The Works of Jonathan Edwards*, vol. 9, ed. John F. Wilson (New Haven: Yale University Press, 1989), 520–522.

서도 하나님의 아름다움에 경탄할 수 있어야 합니다. 마음이 청결한 사람에게는 모든 장소가 하나님의 성소가 됩니다.

하나님은 원천적 아름다움이십니다.** 은혜를 받으면 그분의 아름다움을 만물 안에서도 보게 됩니다. 그것은 모형적 아름다움입니다. 만물을 창조하신 하나님이 선하고 아름다우시니, 창조된 만물 또한 선하고 아름다울 것입니다. 만물의 아름다움은 피조 세계에 복사된 하나님의 아름다움입니다.

풀잎 끝에 매달린 이슬에, 우주를 휘도는 별들의 운행에 감탄합니다. 그 아름다움을 사람 안에서 더욱 잘 발견합니다. 하나님을 아는 것만큼 자연의 아름다움을 도덕의 아름다움과 연결지을 수 있습니다. 거기서 하나님의 아름다움을 발견하도록 자극을 받습니다.*** 자연의 아름다움을 보면서 사회의 질서를 아름답게 하고자 하는 마음 갖게 됩니다.

** "창조 세계를 통해 발견되는 모든 아름다움은 단지 밝음과 영광의 무한한 충만함을 가지신 저 존재의 널리 펼쳐진 광채의 반영일 뿐이다"(…all the beauty to be found throughout the whole creation, is but the reflection of the diffused beams of that Being who hath an infinite fullness of brightness and glory), Jonathan Edwards, *The Nature of True Virtue*, in *The Works of Jonathan Edwards*, vol. 8, ed. Paul Ramsey (New Haven: Yale University Press, 1987), 550–551.

*** Jonathan Edwards, *The Nature of True Virtue*, in *The Works of Jonathan Edwards*, vol. 8, ed. Paul Ramsey (New Haven: Yale University Press, 1987), 565.

하나님을 안다는 것이 무엇입니까? 그것은 하나님의 속성(성품)과 그것들이 실행되는 방식을 안다는 것입니다. 이것이 하나님을 아는 지식의 핵심입니다(벧후 3:16-18).

하나님의 존재는 이성을 초월하지만, 그분의 성품은 마음 안에서 경험됩니다. 지금은 청동 거울로 보는 것처럼 희미하지만 그 나라에서는 더 잘 알게 될 것입니다(고전 13:12).

그러나 거기서조차 우리가 보는 바가 그분의 전부일 수 없습니다. 우리는 유한하고 하나님은 무한하시기 때문입니다. 천국에서 자신을 무한히 보여주셔도 하나님의 존재는 여전히 인간의 인식의 한계를 초월할 것입니다.

마음이 청결한 자는 하나님을 봅니다. 인간의 삶과 세상만사를 통해서 그분의 성품이 어떻게 드러나는지를 봅니다. 그리고 거기서 뿜어져 나오는 아름다운 빛 때문에 마음은 더욱 하나님께 이끌리게 됩니다. 그분을 사랑하게 됩니다. 마음이 청결한 자는 이런 방식으로 하나님을 봅니다.

둘째로, 하나님과의 친교(親交)를 누리는 것입니다. 가시적 사물처럼 형상(形像)을 가진 분이 아니시기에, 하나님을 본다는 것은 인간의 이해를 돕기 위한 눈높이 표현(accommodation)입니다.

성경에는 하나님의 얼굴에 관한 표현이 자주 등장합니다. 하나님의 얼굴은 특별한 나타나심을 가리킵니다. 악인에게 그것은 심판을 뜻합니다(시 143:2 참조, 벧전 3:12). 그러나 의인에게는 영광스러운 만남을 의미합니다(시 4:6, 44:3).* 시인은 참된 행복이 하나님의 얼굴을 보는 것이라고 말합니다. "하나님께 가까이함이 내게 복이라…"(시 73:28).

"나는 의로운 중에 주의 얼굴을 뵈오리니 깰 때에 주의 형상으로 만족하리이다"(시 17:15).

하나님을 보지 못하는 사람은 불쌍합니다. 제사 속에서 얼굴을 가리셨기에, 기도 속에서 교제가 막혔기에(벧전 3:7), 정신 속에서 혼미하기에(고후 4:4) 하나님을 보지 못하는 사람입니다. 모든 것을 가졌을지라도 아무것도 없는 사람입니다. 그래서 예배는 형식적이 되고 기도는 가식으로 치장됩니다.

비록 시련의 밤을 지나고 역경의 파도가 세찰지라도 하나님을 볼 수 있다면 행복한 사람입니다. 거기서 하나님과 달콤한 친교를 누릴 것이기 때문입니다.

* 이러한 표현은 신약에서도 나타난다. '예수 그리스도의 얼굴'(고후 4:6), '주의 얼굴'(살후 1:9, 벧전 3:12) 등으로 나타나는데 그 의미는 구약과 크게 다르지 않다. 사도 바울은 '하나님의 영광을 아는 빛'이 '예수 그리스도의 얼굴'에 있다고 설명함으로써 '하나님의 얼굴'의 기독론적 해석을 보여준다. "어두운 데에 빛이 비치라 말씀하셨던 그 하나님께서 예수 그리스도의 얼굴에 있는 하나님의 영광을 아는 빛을 우리 마음에 비추셨느니라"(고후 4:6).

제7장 마음이 청결한 자

아무리 경건한 신자도 꽃길만 걷지는 않습니다. 때로는 눈물의 골짜기를 지납니다. 세상 어디에 있은들 고통과 걱정이 없겠습니까? 그런 인생길에서 신앙의 가치는 무엇일까요? 사랑의 하나님 얼굴 보는 것이 아닐까요?

어려운 일을 만나면 많은 에너지가 소비됩니다. 때로는 육체와 정신은 소진하기까지 힘을 빼앗깁니다. 힘이 부족해지면 스스로 죽어 버리거나, 죽은 자처럼 살게 될 것입니다. 능력 있는 삶은 마음의 힘에서 나옵니다. 그런 힘을 어디서 얻을 수 있을까요?

하나님의 은혜입니다. 은혜 주심이 선교의 시작입니다. 당신의 얼굴 빛을 우리에게 비추심으로 시작됩니다. "하나님은 우리에게 은혜를 베푸사 복을 주시고 그의 얼굴빛을 우리에게 비추사 주의 도를 땅 위에, 주의 구원을 모든 나라에게 알리소서"(시 67:1-2).

염려로 마음이 산란할 때는 자주 예배당을 찾습니다. 기도하던 자리를 눈물로 적십니다. 거기서 하나님을 봅니다. 은혜로 친교를 누림으로 위로를 받습니다. 어둡고 텅 비었던 마음을 은혜로 채우십니다. 그때 현실을 살아갈 용기를 갖게 됩니다. 고난과 시련을 이기며 살 수 있는 새로운 힘이 생깁니다.

인생의 문제는 시련의 크기가 아닙니다. 하나님과 만나는 친교의 깊이입니다. 마음이 청결한 사람은 하나님을 봅니다. 그분의 얼굴빛으로 세상과 죄를 이깁니다.

맺는말

하나님을 만나기를 원합니다. 그러나 모든 사람이 그분을 보지는 못합니다. 마음이 청결한 것만큼 하나님을 봅니다. 하나님을 갈망하고 사랑하기 때문에 불결하지 않은 마음입니다.

하나님을 아는 사람은 그분을 보는 행복을 압니다. 하나님과 나누는 영적 친교가 얼마나 감격스러운지를 압니다. 그러나 청결해지기를 사모하는 것만큼 마음이 불결한 자신을 봅니다.

걸레 같은 마음은 세상 사랑에 부유(浮游)하는데, 그 더러운 마음의 등짝을 내려치는 진리의 죽비자(竹篦子) 없이 어찌 청결한 마음이 되겠습니까? 불결한 마음으로 어찌 하나님의 얼굴을 보겠습니까? 그래서 그리스도의 십자가를 찾습니다. 보혈이 그를 청결케 하기 때문입니다. 보혈의 핏길을 지나 은혜의 보좌로 나아갈 수 있음을 믿기 때문입니다(히 4:16).

하나님의 말씀은 그분 마음의 표현입니다. 하나님이 순결한 영이시기에 그분의 말씀도 순결합니다. "여호와의 말씀은 순결함이여 흙도가니에 일곱 번 단련한 은 같도다"(시 12:6).

말씀이 아니면 하나님의 마음을 알 수 없고 말씀에 은혜를 받으면 순결해지게 됩니다. 자기 사랑의 추루함을 알고 버리게 되고 하나님 사랑의 아름다움을 알고 그 품으로 돌아가길 바라기 때문입니다.

하나님 사랑하길 원합니다. 죄를 미워하며 악한 길에서 돌이킵니다. 하나님 뜻에 자기 마음을 합치시키고자 합니다. 청결한 마음으로 맑은 삶을 살기를 힘씁니다. 그가 사랑함은 하나님 보기 위함이며, 하나님 보기 원함은 더욱 사랑하기 위함입니다. 이 여섯 번째 복을 사모해야 할 이유가 여기에 있습니다.

마음이 청결한 자

한 · 눈 · 에 · 보 · 는 · 7장

I. 들어가는 말

모든 복은 하나님의 얼굴을 보는 것으로 시작된다.
그래서 마음이 청결한 자가 받는 복은 팔복 중 최고다.
"마음이 청결한 자는 복이 있나니…"(마 5:8).

II. 청결함의 의미

여호와 신앙이 유대교로 변질되면서 청결의 개념도 변했다.
율법적 제의를 잘 준수하면 청결하다고 생각한 것이다.
예수께서는 이것을 바로잡기 위해 '마음'이라는 단어를 넣으셨다.
'청결하다.'라는 것은 제의적 의미뿐 아니라 삶과 마음의 깨끗함이다.
청결한 마음은 동기와 욕구에서 하나님의 뜻을 거스르지 않는다.
곧, 청결한 마음은 하나님 사랑으로 가득 찬 상태다.

III. 마음이 청결해지는 길

마음을 근본적으로 변화시키기 위해서는 영혼의 변화가 필요하다.
그래서 마음이 청결해지는 길은 다음 두 가지로 살펴볼 수 있다.
첫째, 속죄의 씻음이다.
죄를 회개하고 그리스도를 믿을 때, 마음은 청결해진다.
거룩하신 하나님의 보좌로 나아가기 적합한 상태가 된다.
둘째, 은혜의 승리다.
마음의 상태는 고정된 게 아니다. 수시로 더러워진다.
마음은 말씀을 통해 역사하는 은혜로 깨끗하게 되어야 한다.

IV. 마음이 청결한 자의 행복

하나님은 마음이 청결한 자에게 당신을 보이신다.
"…그들이 하나님을 볼 것임이요"(마 5:8).
'하나님을 본다.'라는 말은 두 가지로 말할 수 있다.
첫째, 하나님의 영광을 경험한다는 것이다.
마음이 청결한 사람은 하나님의 영광을 본다.
말씀뿐만 아니라 인류와 역사, 마음과 만물 안에서 본다.
둘째, 하나님과 친교를 누리는 것이다.
하나님의 얼굴은 그분의 특별한 임재를 가리킨다.
하나님과의 친교를 누릴 때 세상을 이기며 살 수 있다.

V. 맺는말

많은 사람들이 하나님을 뵙기를 바란다.
그러나 모든 사람이 그분을 만나는 것은 아니다.
그 차이는 마음에 있다.
마음이 청결한 사람이 하나님을 만나게 된다.

평화를 만드는 것은 단지 싸움질하지 않는 것이 아닙니다. 모든 다툼은 자기를 남보다 낫게 여기는 교만에서 옵니다. 거칠고 야비한 말투, 사람들을 함부로 대하는 무례한 태도는 그가 하나님과의 평화를 떠나 있음을 보여줍니다. 그런 자는 멀리 있는 사람에게는 박수받을지 몰라도 친구는 없을 것입니다. 이런 사람은 평화를 만드는 기쁨을 모릅니다. 사람으로 태어났다는 사실 자체가 가슴 벅차 본 적이 없기에, 자기중심적이고 남에 대한 배려심이 없습니다. 하나님 대신 거칠고 조잡한 죄인을 보여주는 삶을 살아갈 것입니다. 예수는 믿을지 모르지만 팔복의 사람이 되어 가는 일에는 관심이 없을 것입니다. 어차피 그런 사람이 꿈꾸는 것은 그리스도 닮은 사람됨이 아니기 때문입니다.

사랑은 모든 사람을 겸손하게 하며 무례히 행치 않게 합니다. 사랑 없기에 교만하고 질서를 모르기에 무례한 것입니다. 우리는 사랑으로 관계 맺으며 이미 맺은 관계는 사랑으로 심화됩니다. 하나님 나라는 볼 수 없습니다. 그러나 세상은 우리를 통해 그 나라를 봅니다. 우리를 통해 평화가 무엇인지를 알게 됩니다. 우리가 세상의 아들들과 어떻게 다른지를 알게 해 주어야 합니다. 우리가 누리는 평화의 근원이 하나님이심을 깨닫게 해야 합니다.

제8장

화평하게 하는 자

"복이 있도다, 평화를 만드는 자들이여.
왜냐하면 그들이 하나님의 아들들이라고 불릴 것이기 때문이다"(마 5:9, KNJ 私譯).

μακάριοι οἱ εἰρηνοποιοί.
ὅτι αὐτοὶ υἱοὶ θεοῦ κληθήσονται.

저자의 설교 '화평하게 하는 자의 복 1', '화평하게 하는 자의 복 2'로 연결됩니다.

들어가는 말

인간을 향한 하나님 사랑의 극치가 긍휼이라면, 하나님을 향한 인간 사랑의 극치는 청결한 마음입니다. 순결을 강조할수록 그 생각은 하나님을 향하게 됩니다. 왜냐하면 그 사랑은 사욕(私慾)을 버리고 모든 사람을 이롭게 하는 질서이기 때문입니다.* 마음이 청결한 사람은

---

* "그런데 인간이 하나님보다 자기를 더 사랑하게 되면⋯ 하나님-인간-만물이라는 존재의 질서가 욕망 때문에 임의로 전복되는 것입니다. 이렇게 인간의 자의에 의해서 전도(顚倒)된 사랑의 질서를 따르는 것에서부터 온갖 악이 나옵니다(아 2:4)." 김남준, 『교회와 하나님의 사랑』 (서울: 익투스, 2019), 44.

하나님을 사랑하는 사람입니다. 그들은 하나님을 봅니다.

신자는 그것이 얼마나 큰 행복인지 압니다. 그 행복을 모든 인류가 누리기를 바랍니다. 이 일을 위해 하나님과의 화목을 전합니다. 말로만이 아니라, 삶과 인격으로 합니다. 그들은 화평케 하는 사람들입니다. 하나님의 아들이라 일컬음을 받습니다(마 5:9).

평화란 무엇인가?

평화(平和)란 하나님의 질서가 사람들과의 관계 속에서 실현된 상태입니다.* 나아가 자연 속에서 이루어진 상태입니다. 평화는 사람들과

---

* '평화'라는 단어는 헬라어로 **에이레네**(εἰρήνη)다. 이는 일치의 상태를 가리키는 '평화, 조화, 안녕(安寧)의 상태' 등을 뜻한다. Walter Bauer, Frederick W. Danker, William F. Arndt, F. Wilbur Gingrich, eds., *A Greek-English Lexicon of the New Testament and Other Early Christian Literature*, 3rd ed. (Chicago: University of Chicago Press, 2000), 287, 839; Joseph H. Thayer, *A Greek-English Lexicon of the New Testament* (Grand Rapids: Baker Book House, 1977), 285-286. 이 단어의 히브리어 동치어 **샬롬**(שָׁלוֹם)은 '온전하다, 견고하다, 완전하다'라는 의미를 가진 상태 동사 **샬렘**(שָׁלֵם)에서 온 명사로, '온전함, 견고함, 완전함, 안전, 안녕, 번영, 고요함, 평화, 만족, 우정'이라는 의미가 있다. Francis Brown, Samuel Rolles Driver, Charles Augustus Briggs, *The Brown-Driver-Briggs Hebrew and English Lexicon* (Peabody: Hendrickson Publishers, 2003), 1022-1023.

자연 만물과의 조화롭고 평안한 상태입니다. 이것을 우리말 성경에서 '화평'이라고 번역했습니다.

평화는 온전한 상태입니다. 깨지거나 일그러지지 않은 상태입니다. 인간의 정신과 영혼만이 아니라 육체와 사회, 자연과의 관계까지를 포괄하는 개념입니다(렘 12:4 참조).

평화는 인간과 만물 사이에 하나님이 의도하신 바가 실현된 상태입니다. 이것은 자기에 대하여 안녕(安寧)한 상태이고, 다른 사람들에 대해서는 온전한 조화와 균형을 이룬 상태입니다. 이것을 '화목'(和睦)이라고도 합니다(롬 5:10, 12:18).

화목은 모든 갈등이 소멸된 상태입니다. 사랑으로 서로 조화를 이루며 만족을 누리는 상태입니다. 그 범위는 땅에 있는 것들로부터 하늘에 있는 것들에까지 미칩니다.

> "그의 십자가의 피로 화평을 이루사 만물 곧 땅에 있는 것들이나 하늘에 있는 것이 그로 말미암아 자기와 화목하게 되기를 기뻐하심이라"(골 1:20).

범죄로 인해 하나님과의 관계가 깨어졌습니다. 그 결과 두 가지가 들어왔습니다. 하나님을 향한 적의(敵意, enmity)와 소원(疏遠, alienation)입니다. 적의는 하나님을 향한 적대감인데, 이는 반감(反感, aversion)과 대적(對敵, opposition)으로 나타났습니다. 그리고 소원은 하나님과의 무한한 거리감입니다.* 이 때문에 하나님이 낯설게 되었습니다. 이것은 인간이 스스로 죄를 지음으로 자초한 것이었습니다. 스스로 하나님과의 관계를 복원할 수 없는 인간을 위해 그리스도께서 오셨습니다. 구속을 통해 하나님과 다시 화목하게 해주셨습니다. 예수 그리스도의 구원 사역이 믿음을 통해 적용됨으로 적대적이고 소원한 관계를 청산하고 다시 사랑받게 하셨습니다.

이 화목에 대해 성경은 두 가지 근거를 제시합니다. 첫째로, 죄가 정죄에 이르도록 전가되지 않음으로써 화목이 이루집니다(롬 3:25,고후 5:19). 둘째로, 죄인 바깥에서 또 다른 의가 전가됨으로써 화목을 이루게 됩니다(롬 4:5,고후 5:19).**

이 평화는 하나님이 뜻하신 질서로 돌아가는 것이었습니다. 질서는 사물 사이에 있는 존재와 작용의 관계입니다.*** 그리스도의 화목하게 하심으로 인간을 하나님의 질서로 돌아가게 하셨습니다. 하나님께 사랑받고 사랑하는 관계로 돌아가게 하셨습니다. 그 완전한 질서의 나라가 하나님 나라입니다. 팔복은 바로 그런 질서로 돌아간 신

---

* John Owen, *Indwelling Sin in Believers*, in *The Works of John Owen*, vol. 6, ed. William H. Goold (Edinburgh: The Banner of Truth Trust, 1991), 182.
** 김남준, 『구원과 하나님의 계획』, (서울: 부흥과개혁사, 2009), 151-155, 224-227.
*** 김남준, 『인간과 잘 사는 것』, (서울: 생명의말씀사, 2015), 57.

자의 인격적 특징, 곧 마음의 결을 가리킵니다. 여기서 '결'이란 마음의 내적인 바탕이나 틀을 말하는 것입니다.

평화에 대한 오해

팔복 중에서, 가장 많이 오해를 받은 행복이 평화입니다. 우리가 세상이 가르쳐 준 평화의 개념에 너무 익숙해져 있기 때문입니다. 그러면 여기서 말하는 화평이란 무엇일까요?

"화평하게 하는 자는 복이 있나니…"(마 5:9).****

당시 대제국이었던 로마는 전쟁이 없는 상태를 평화라고 여겼습니다. 강력한 힘으로 주변 나라를 정복해서 누리는 평화의 상태를

**** '화평하게 하는 자'에 해당하는 헬라어는 에이레노포이오스(εἰρηνοποιός)다. 이 단어는 '평화, 평강'을 뜻하는 에이레네(εἰρήνη)와 '만들다, 행하다.'라는 뜻을 가진 동사 포이에오(ποιέω)에서 온 명사가 결합된 단어로서 '평화를 만드는 사람들'이라는 뜻이다. Walter Bauer, Frederick W. Danker, William F. Arndt, F. Wilbur Gingrich, eds., *A Greek-English Lexicon of the New Testament and Other Early Christian Literature*, 3rd ed. (Chicago: University of Chicago Press, 2000), 287, 839; Joseph H. Thayer, *A Greek-English Lexicon of the New Testament* (Grand Rapids: Baker Book House, 1977), 183.

팍스 로마나(*Pax Romana*)라 하였습니다.* 그러나 그런 평화의 개념은 자기중심적이고 주관적입니다. 조국을 잃어버리고 로마의 식민지가 된 나라들도 과연 그것을 평화라고 생각했을까요?

유대인들도 평화에 관해 비슷한 견해를 갖고 있었습니다. 그들이 꿈꾼 것은 다윗 왕국 시절의 신적 질서가 재건되는 것이었습니다. 그때처럼 부강하게 된 이스라엘이 이웃 나라를 다스려 전쟁이 없는 상태가 평화라고 믿었던 것입니다.

다윗의 왕위가 영원할 것이라는 하나님의 약속을 믿었습니다(삼하 7:16). 그 나라는 망하지 않을 것이며, 자손들의 통치는 영원할 것이라고 확신했습니다. "…솔로몬왕은 복을 받고 다윗의 왕위는 영원히 여호와 앞에서 견고히 서리라 하고"(왕상 2:45).

그러나 역사적으로 이스라엘은 멸망했습니다. 예루살렘 성은 파괴되었고, 왕국은 역사 속에서 사라졌습니다. 평화에 대한 유대인들의 생각도 수정되어야 했습니다.

---

* 로마는 주전 1세기 말 로마 제정을 수립한 초대 황제 아우구스투스(Augustus)를 시작으로 이후 다섯 현제(賢帝), 곧 네르바(Nerva), 트라야누스(Trajanus), 하드리아누스(Hadrianus), 안토니누스 피우스(Antoninus Pius), 마르쿠스 아우렐리우스(Marcus Aurelius)에 이르기까지 약 200여 년간 평화를 누리며 발전했다. 이 시대를 팍스 로마나(*Pax Romana*)라고 부른다. Encyclopaedia Britannica, ed., "Pax Romana," in *The New Encyclopaedia Britannica, Micropaedia: Ready Reference and Index*, vol. 7 (Chicago: Encyclopaedia Britannica, 1977), 814.

우리도 다른 사람들과 다툼이 없는 상태를 평화라고 생각합니다. 그래서 "화평하게 하는 자는 복이 있나니"라고 했을 때, 인간들끼리 사이좋게 사는 평화를 떠올립니다. 그러나 그것은 진정한 평화의 한 국면입니다. 여기서 말하는 화평은 그런 인도주의적 평화가 아닙니다. 하나님 나라의 평화를 가리킵니다. 그것은 십자가의 피로 이루어지는 평화입니다.

깨어진 평화

원래 평화는 삼위일체 하나님 안에 있었습니다. 창조된 세계 만물이 그 평화에 참여하게 하셨습니다. 당신과의 교제 속에서 사람이 평화를 누리고, 이로써 자연 만물이 선한 상태에 있기를 바라셨습니다.

죄가 들어오기 전, 세계는 평화로웠습니다. 아담은 하와에게 고백했습니다. "…이는 내 뼈 중의 뼈요 살 중의 살이라…"(창 2:23).** 두 사람이 함께 이 고백에 참여했습니다.

** "이는 단지 하와가 자기 신체의 일부로 창조되었음을 고백하는 것이 아닙니다. …이 사랑의 고백은 부부 관계를 넘어 하나님께서 만드시려고 한 사회가 어떤 것이었는지를 보여줍니다. 그것은 사랑의 사회였습니다." 김남준, 『교회와 하나님의 사랑』 (서울: 익투스, 2019), 116.

하나님 안에서 누리는 최고의 사랑이었습니다. 완전한 평화였습니다. 이것은 단지 다툼 없는 상태가 아니었습니다. 죄를 짓지 않았더라면, 모든 인류가 서로에게 이 고백을 하였을 것입니다. 평화는 계속되었을 것입니다. 하나님과 모든 사람을 사랑하고, 만물을 선량하게 돌보았을 것입니다(창 1:26).

그런데 인간의 범죄로 죄가 들어왔습니다. 사망이 찾아왔습니다. 죄는 하나님과의 화목을 깨뜨렸고, 인간은 하나님에 대해 적의를 품게 되었습니다. 자기 영혼의 생명이신 하나님을 미워하게 되었습니다. 마음으로 원수가 되었습니다(골 1:21).

하나님과의 평화가 깨지자 사람 사이의 평화도 깨졌습니다. 자연과의 평화도 잃어버렸습니다. 가인이 아벨을 죽인 것도 그 때문이었습니다(창 4:8). 죄 때문에 땅도 저주를 받았습니다.

인류 최초의 도시 에녹 성은, 인간이 하나님을 버리고 자기중심으로 살게 되었음을 보여줍니다(창 4:17). 라멕이 살인과 폭행을 서슴지 않은 것도 평화가 사라진 비극을 보여줍니다(창 4:23-24).

세상 나라는 각 사람이 자기를 주인 삼은 나라입니다. 각 사람은 깃발을 세우고 자기 왕국을 건설하고자 합니다. 각 사람이 주장하는 질서들은 서로 충돌합니다.* 그때 힘이 많은 사람이 약한 사람의 깃

---

* "세상 나라는 모든 사람이 각자 자기 사랑으로 주권의 깃발을 세운 수많은 작은 나라들로 이루어져 있습니다. 그 나라는

발을 꺾습니다. 힘이 없는 사람은 굴복하거나 파멸당하게 됩니다. 모든 사람이 평화를 원합니다. 그러나 실제적으로 평화를 이루기 어렵습니다. 세계 곳곳에서 일어나는 나라 사이의 전쟁과 민족들 간의 충돌을 보십시오. 사회 계층 간의 대립과 반목이 폭력을 부르는 것을 보십시오. 마지막 때가 가까울수록 사람들은 더욱 강포해질 것입니다(벧후 3:3).

인간은 화목할 수 없도록 태어난 존재처럼 보입니다. 관계를 세우기보다는 깨뜨리는 일에 익숙합니다. 하나님과 관계가 깨어진 인간들이 서로 불화한 것을 보면 알 수 있습니다. 첫 조상들을 생각해 보십시오. 선악과를 따 먹고 범죄하기 전까지는 어떤 갈등도 없었습니다. 그러나 범죄한 후에는 서로에게 괴로운 존재가 되었습니다.**
"아담이 이르되 하나님이 주셔서 나와 함께 있게 하신 여자 그가 그 나무 열매를 내게 주므로 내가 먹었나이다"(창 3:12).

평화를 잃어버린 결과는 자연과의 관계에서도 나타났습니다. 다스려야 할 자연과 투쟁해야 하는 처지가 되었습니다. 창조 세계의 선량

하나님을 대적한다는 점에서는 하나의 나라이지만, 자기 사랑을 추구한다는 점에서 무수히 분열된 나라입니다. 그래서 더 많은 세상 자원과 그것을 사용할 수 있는 권력을 가진 자들이 작은 나라들을 무너뜨리고 각기 서로 다른 동심원(同心圓)을 그리며 확장되려고 합니다." 김남준, 『염려에 관하여』 (서울: 생명의말씀사, 2020), 134.

** 김남준, 『구원과 하나님의 계획』 (서울: 부흥과개혁사, 2009), 63.

한 관리자로 부름받았건만(창 1:26), 타락한 인간은 환경의 파괴자가 되었습니다. 욕망 때문이었습니다. 돌보아야 할 자연을 망가뜨리자, 폐해는 고스란히 인간에게 되돌아왔습니다.

오늘날 지구가 겪고 있는 기후 위기를 보십시오. 폭염과 대규모의 산불, 폭우와 홍수, 온난화와 극심한 가뭄이 일상이 되고 있습니다. 자연과의 평화를 잃어버렸기 때문입니다.

이러한 상황에서 화평하게 하는 자, 곧 평화를 만드는 사람은 복이 있다고 하십니다. 이는 평화를 위한 인간의 책임이 얼마나 큰지를 보여줍니다. 세상의 평화가 하나님의 백성들이 어떻게 믿고 살아가느냐에 달렸습니다.

평화를 만드는 사람들

평화는 단지 불화를 해소하는 것이 아닙니다. 죄를 용서하고 사랑하는 것입니다. 그 사랑이 흘러넘쳐 다른 사람들과 평화를 이루게 하는 것입니다. 하나님은 그리스도를 통해 이 평화를 이루셨습니다(눅 2:14, 엡 2:16). 그리고 우리를 통해 그 평화를 세상에서 이루시길 원하십니다.

세상의 평화는 하나님과의 평화를 이룬 사람들에 의해 추구됩니다. 그 평화가 가정과 교회, 사회와 자연 세계 안에서 이루어지길 갈망합니다. 신자는 평화를 이루는 직분을 받았습니다(고후 5:18-19). 마음으로, 삶으로 평화를 이루어야 합니다. 자기 안에서 이루어진 평화가 밖으로 나아가 실현되어야 할 영역은 다음과 같습니다.

첫째로, 가정(家庭)입니다. 가족들과의 관계 안에서 평화를 이루는 사람이 되어야 합니다. 평화를 위해 썩는 밀알이 되어야 합니다(요 12:24). 연약한 자를 돕고 믿음이 없는 가족을 불쌍히 여겨야 합니다.

가족들이 하나님을 알고 평화를 이루도록 섬기십시오. 하나님과 화목한 당신의 삶을 가족들이 먼저 보게 하십시오. 세상 자원은 부족해도 하늘 자원이 넉넉한 사람 되십시오. 그것이 신자의 소명입니다.

"그러므로 우리가 믿음으로 의롭다 하심을 받았으니 우리 주 예수 그리스도로 말미암아 하나님과 화평을 누리자"(롬 5:1).

둘째로, 교회(敎會)입니다. 교회 안에서 평화를 이루는 사람이 되어야 합니다. 지체들 간에도 평화가 깨어질 때가 있습니다. 때로는 분쟁과 다툼이 일어나기도 합니다. 영원에 대한 무관심, 교만, 그리고 자신만을 위하는 이기심 때문입니다.* 영원한 것들에 대해 관심을 잃어버리고 세상 사랑을 추구합니다. 그래서 교회의 일치는 깨어지고

---

* 김남준, 『교회와 하나님의 사랑』 (서울: 익투스, 2019), 163-166.

개인의 욕심 때문에 분열합니다. 겉으로는 진리를 내세우지만 욕심 때문에 다툽니다. 이는 부끄러운 일입니다.

교회 안에서 깨어진 평화는 그리스도를 욕되게 합니다. 왜냐하면 그것은 교회로 부르신 목적을 거스르는 삶이기 때문입니다. 교회는 자신의 평화로운 상태를 보여주어야 합니다.

셋째로, 사회(社會)입니다. 이웃과의 관계입니다. 유대인과 헬라인 사이에는 좁힐 수 없는 간극이 있었습니다. 저들은 기적을 자랑했고 이들은 지식을 앞세웠습니다(고전 1:22). 십자가는 유대인들에게 거리 끼는 것이었으며 헬라인에게는 미련한 것이었습니다(고전 1:23).

그들이 복음을 받아들이자 모든 것이 변했습니다. 미워하던 사람들이 사랑하게 되었습니다. 서로를 형제와 자매로 받아들였습니다. 종과 자유인이 하나가 되었고, 남자와 여자가 하나 되었습니다(갈 3:28). 그들 안에서 하나님과의 평화가 이루어졌기 때문입니다.

평화가 사라진 사회에서 분열과 갈등, 무관심과 차별이 다반사입니다. 신자는 이런 현실에서 평화를 이루도록 부름받았습니다. 하나님과의 평화를 누리고 있습니까? 그것을 만들기 위해 힘쓰고 있습니까? 평화의 사람으로 살아가고 있습니까? 천국에 속한 사람임을 보여주고 있습니까?

그리스도께서 자신을 제물로 드리심으로써 평화를 이루셨습니다. 하나님과 우리를 화목하게 하셨으니, 우리만을 위한 것이 아니라 온 세상 사람들을 위한 것입니다(요일 2:2). 그 은혜를 잊지 마십시오. 사회 속에서 평화를 이루며 살기 위해 노력하십시오. "할 수 있거든 너희로서는 모든 사람과 더불어 화목하라"(롬 12:18).

다툼으로 가득한 세상에서 평화를 만드는 자로 살아야 합니다. 우리를 자기와 화목하게 하시고 또 화목하게 하는 직분으로 부르셨기 때문입니다(고후 5:18). 그 평화를 위해 가장 시급한 것은 복음을 전하는 것입니다.

복음은 '화목하게 하는 말씀'입니다(고후 5:19). 하나님과 화목하게 하고 사람과 화목하게 하는 말씀입니다. 이웃을 향한 최고의 봉사는 그리스도의 복음을 전파하는 것입니다. 이로써 하나님과의 화목을 누리게 하는 것이 복을 받는 길입니다(욥 22:21). 그 화목의 힘으로 인간의 죄 때문에 함께 탄식하며 고통을 겪는 피조 세계를 보듬으며 살아가야 합니다(롬 8:21-22).

화평케 하는 자의 행복

세상에 완전한 평화는 없습니다. 우리 안에서도 그러합니다. 원리적으로는 이미 하나님과 화목하게 되었지만, 실제적으로는 불화하게 하는 죄가 남아 있기 때문입니다. 그것이 자기를 주인 삼던 옛 생활로 돌아가게 합니다. 은혜가 풍성해지면 하나님 나라의 깃발을 세우지만, 죄가 융성해지면 자기의 깃발을 흔듭니다.

우리는 평화를 만드는 자로 부름받았습니다. 평화를 만드는 사람은 행복합니다. 하나님의 아들이라 일컬음을 받게 될 것이기 때문입니다.

"…그들이 하나님의 아들이라 일컬음을 받을 것임이요"(마 5:9).*

여기서 '하나님의 아들'이라는 표현은 구약에 뿌리를 두고 있습니다. 이것은 단순히 '하나님의 소유인(of God) 아들'이라는 뜻이 아닙니다. 더 풍부한 의미를 갖고 있습니다. 히브리어에는 형용사가 부족합니다. 그래서 'of+명사(추상 명사)'의 형태로 형용사의 의미를 나타내는 표현 방식이 발달하였습니다.

예레미야 애가에는 '시온의 아들'(בְּנֵי צִיּוֹן)이라는 표현이 나옵니다(애 4:2). 문자적으로 해석하면 '시온이라는 지역의 아들'이라는 의미입니다. 그러나 이 표현에는 더 깊은 뜻이 있습니다.

이곳은 예루살렘 남단에 위치한 높은 산지입니다. 예루살렘은 하나님을 경배할 거룩한 장소로 지정되었습니다. 그 예루살렘을 감싸고 있는 지역이 시온입니다. 언약을 따라 하나님의 사랑을 누리는 선

---

* "…그들이 하나님의 아들이라 일컬음을 받을 것임이요"(…ὅτι αὐτοὶ υἱοὶ θεοῦ κληθήσονται). 이를 직역하면 다음과 같다. "왜냐하면 그들이 하나님의 아들들이라고 불릴 것이기 때문이다." 우리말 성경에서 '아들'로 번역된 것이 헬라어 성경에는 복수인 '아들들'(υἱοὶ)로 되어 있다.

택된 백성의 땅이라는 신학적 의미를 갖습니다.**

'하나님의 아들'이라는 표현도 그렇습니다. 다시 말하지만, 단순히 '하나님의 소유인 아들들'이라는 뜻이 아닙니다. 하나님과 맺고 있는 특별한 관계를 보여줍니다. 구약에서, 이 표현은 크게 두 가지 뜻으로 사용되었습니다.

첫째로, 이스라엘 백성을 가리킵니다. 천상에 있는 자들과 이스라엘은 집합적 의미에서 '하나님의 아들들'로 불렸습니다(욥 1:6). 이들은 '장자'(長子)로 불리기도 하였는데, 이는 유산을 상속받는 지위를 암시합니다. 여기서 '아들'을 가리키는 헬라어 **휘오스**(υἱός)는 법적 상속권을 가진 아들을 뜻합니다.*** 특별한 지위와 특권을 가진 아들입니다(갈 3:7). 이는 하나님과 이스라엘의 특별한 관계를 보여줍니다(사 63:16).

** 시온(ציון)이라는 말은 통상적으로 예루살렘과 하나님의 백성을 일컫는 말로 사용되었다. 그곳은 이스라엘의 거룩하신 하나님이 계신 곳이며(시 9:11), 그분의 찬란한 영광이 머무는 곳이요(시 50:2), 이스라엘을 구원할 구속자가 임하는 곳이며(사 59:20), 만군의 주께서 이스라엘을 영원무궁토록 다스리실 곳이다(미 4:7). 이 장소는 신자들을 지칭하는 비유적인 의미로도 나타난다. 여호와를 의지하는 자는 시온산과 같다고 말하며(시 125:1), 살아 계신 하나님의 도성인 하늘의 예루살렘, 시온산으로 나아가는 자들이라고 불린다(히 12:22). W. Harold Mare, "Zion," in *The Anchor Bible Dictionary*, vol. 6(Si–Z), ed. David Noel Freedman (New York: Doubleday, 1992), 1096–1097.

*** Walter Bauer, Frederick W. Danker, William F. Arndt, F. Wilbur Gingrich, eds., *A Greek-English Lexicon of the New Testament and Other Early Christian Literature*, 3rd ed. (Chicago: University of Chicago Press, 2000), 1024–1025.

둘째로, 이스라엘의 왕들을 가리킵니다. 다윗으로부터 시작되는 왕들에 관한 표현입니다. 하나님께 다윗은 장자였으며(시 89:27), 그를 뒤이어 왕이 된 솔로몬에게도 이렇게 말씀하셨습니다. "나는 그에게 아버지가 되고 그는 내게 아들이 되리니…"(삼하 7:14).

신약에서 이 표현은 그리스도를 가리키는 것이었습니다. 그리스도는 하나님의 아들이셨습니다. 그러나 그분이 하나님의 아들되심은, 구원을 받는 신자들의 아들됨과는 구별됩니다(요 3:16). 이제 구원받는 신자들의 아들됨은 혈통이 아니라, 하나님의 자녀가 됨으로 부여받는 지위를 뜻하게 되었습니다(갈 4:1-7, 롬 8:14-17). 그들이 바로 그리스도와 함께 천국을 상속받을 자들입니다.*

본문에 나오는 '하나님의 아들'이라는 표현이 정치적인 함의를 가졌는지를 두고 많은 논쟁이 있습니다. 어떤 사람들은 '평화를 만드는 자'라는 표현은 헬레니즘 시대 헬라어의 전형적인 동형용사로서 고대의 통치자들의 명칭이라고 주장합니다.** 당시 이상적 통치자상은 효과적인 통치를 위해 지역의 분쟁을 종식시키고 평화의 질서를 정

---

* Walter A. Elwell, ed., *Evangelical Dictionary of Theology* (Grand Rapids: Baker Book House, 1984), 1033-1034.

** 그런 이유로 어떤 학자는 이 표현을 로마 제국의 황제 숭배 사상에 대항하는 초기 기독교의 입장을 보여주는 것으로 이해해야 한다고 주장하기도 한다. Hans Dieter Betz, *Hermeneia: The Sermon of the Mount* (Minneapolis: Fortress Press, 1995), 138.

립하는 인물이었기 때문입니다. 일곱 번째 복을 이런 정치적 맥락에서 볼 수도 있을 것입니다. 그러나 그리스도께서 선포하신 하나님의 나라는 세상 안에 있으나 세상을 초월한 나라였습니다(요 17:16). 하나님의 아들들이 의에 주리고 목마르면서도 평화를 만드는 자들이라는 사실이 이를 입증합니다.

그리스도께서는 평화의 왕으로 세상에 오셨습니다. 사람들을 인도하여 하나님과 화목하게 하셨습니다. 하늘 평화를 누리며 세상 평화를 이루게 하셨습니다. 평화를 만드는 자는 하나님의 아들이라고 일컬음을 받게 될 것입니다. 그것은 다음 두 가지 사실을 숙고하게 합니다.

하나님의 아들이 된다는 것

첫째로, 하나님의 성품(性品)에 참여하는 것입니다. 신자는 구원받음으로 단번에 영원히 하나님의 성품에 참여합니다. 그러나 끊임없이 말씀과 성령으로 거룩해져야 합니다. 그리스도를 닮아 가야 합니다. 그것이 말과 인격, 행동과 삶으로 드러나야 합니다.

> "이로써 그 보배롭고 지극히 큰 약속을 우리에게 주사 이 약속으로 말미암아 너희가 정욕 때문에 세상에서 썩어질 것을 피하여 신성한 성품에 참여하는 자가 되게 하려 하셨느니라"(벧후 1:4).

유능한 사람에게서 겸손을 발견하는 것은, 비굴한 사람에게서 자존감을 찾는 것만큼 힘듭니다. 몸에 밴 교만은 타인에 대한 존중심을 갖지 못하게 하고, 사소한 일로 다툼을 일삼는 것은 하나님의 의를 이루지 못하게 합니다(약 1:20). 다른 사람의 장점을 발견하면 그것을 칭찬하기보다는 흠을 찾아내서 헐뜯는 일이 낯설지 않습니다.

다른 사람의 말을 들어 주면서 공감하기보다는 시종일관 자기 말만 늘어놓는 사람들은 평화에 관심이 없습니다. 오직 그를 칭송하는 사람으로 만들거나 하찮은 자로 만들고 싶어합니다. 평화를 만드는 사람들에게는 친구가 많지만 불화하게 하는 자에게는 똘마니나 적들만 있습니다. 평화에 관심이 없다는 것은 하나님에 대해 무관심한 것입니다.

사소한 이견에 쉽게 등집니다. 하나님의 이름이 모욕받는 것보다는 자기 이름을 높여 주지 않는 것에 더 마음이 상해 합니다. 이는 그가 하나님과의 평화가 깨어진 채 살아가는 사람임을 보여줍니다.

평화를 만드는 것은 단지 싸움질하지 않는 것이 아닙니다. 모든 다툼은 자기를 남보다 낫게 여기는 교만에서 옵니다. 거칠고 야비한 말투, 사람들을 함부로 대하는 무례한 태도는 그가 하나님과의 평화를 누리며 살지 못하고 있음을 보여줍니다. 그런 자는 멀리 있는 사람에게는 박수받을지 몰라도 친구는 없을 것입니다. 이런 사람은 평화를 만드는 기쁨을 모릅니다. 자존심은 높지만, 자존감은 낮은 사람입니다.

대개 그런 사람들은 어두운 성장기를 가지고 있습니다. 부모나 가족, 친구들로부터 한 인간으로서 소중히 여김을 받은 경험이 없는 경우가 많습니다. 사람으로 태어났다는 사실 자체로 가슴 벅차 본 적이 없기에,* 자기중심적이고 남에 대한 배려심이 없습니다. 다른 사람과 참된 평화를 이루어 가는 행복을 누려 본 적이 거의 없을 것입니다.

여럿이 함께 있을 때는 자신이 주인공이라고 생각할지 모르지만, 아무도 그를 그렇게 생각하지 않습니다. 그는 누군가를 친구로 생각할지 모르지만, 그 사람은 그를 친구로 여기지 않을 것입니다. 하나님 대신 거칠고 조잡한 죄인을 보여주는 삶을 살아갈 것입니다. 예수는 믿을지 모르지만 팔복의 사람이 되어 가는 일에는 관심이 없을 것입니다. 어차피 그런 사람이 꿈꾸는 것은 그리스도 닮은 사람됨이 아니기 때문입니다.

사랑은 모든 사람을 겸손하게 하며 무례히 행치 않게 합니다. 상남자는 남의 남자지 자기 친구가 될 수는 없습니다. 사랑 없기에 교만하고 질서를 모르기에 무례한 것입니다. 우리는 사랑으로 관계 맺으며, 이미 맺은 관계는 사랑으로 심화됩니다.

---

* "가장 높으신 그분이 내 이름을 불러 주기 전까지, 난 그저 인류였다. 헤겔에겐 세계의 일부였고, 세계는 절대자의 자기 전개란다. 유물론자에겐 물질이었고, 내 정신과 의식은 그것의 반영이란다. 그럼 난 어디 있었나? 사람으로 태어난 게, 사랑을 받은 게 감격스럽다." 김남준, 『아무도 사랑하고 싶지 않던 밤』 (서울: 김영사, 2020), 61.

하나님 나라는 눈으로 볼 수는 없습니다. 그러나 세상은 우리를 통해 그 나라를 봅니다. 우리를 통해 평화가 무엇인지를 알게 됩니다. 우리가 세상의 아들들과 어떻게 다른지를 알게 해주어야 합니다. 우리가 누리는 평화의 근원이 하나님이심을 깨닫게 해야 합니다.

둘째로, 하나님의 영광(榮光)에 참여하는 것입니다. 구원받음으로 이미 하나님의 영광에 참여하였습니다. 새로운 피조물이 되게 하셨습니다(고후 5:17). 그리스도께 접붙여져 생명을 누리는 자가 되게 하셨습니다. 하나님의 성품에 참여하는 자가 되게 하셨습니다(벧후 1:4). 어찌 영광스럽지 않습니까?

"…일컬음을 받을 것임이요"(마 5:9). 이는 평화를 만들며 살아가는 자들을 얼마나 기뻐하시는지를 보여줍니다. 하나님은 모든 사람이 평화를 이루기를 바라십니다. 죄인들을 돌이켜 평화를 누리게 하는 일을 기뻐하십니다.

우리가 복음을 전해야 하는 이유가 여기에 있습니다. 그것은 우둔한 인생을 돌이키게 하는 지혜이며, 그릇 행하는 자들을 옳은 길로 인도하는 섬김입니다. "지혜 있는 자는 궁창의 빛과 같이 빛날 것이요 많은 사람을 옳은 데로 돌아오게 한 자는 별과 같이 영원토록 빛나리라"(단 12:3).

맺는말

세상 나라가 자기 사랑의 질서를 반영하고 있다면, 하나님 나라는 하나님 사랑의 질서를 보여줍니다. 하나님 사랑하는 사람들은 그 질서 안에서 안식을 누립니다. 그것이 평화입니다.

사람들은 하나님의 우주적인 사랑 안에서 평화를 누립니다. 이 평화를 주시려고 그리스도께서 세상에 오셨습니다. 거룩한 하나님과 죄인인 우리 사이에서 화목 제물이 되셨습니다(요일 4:10). 신자는 그것을 기억하는 사람입니다.

우리는 평화를 위해 부름받았습니다. 세상 안에 그 평화가 이루어지길 추구하며 살아가야 합니다. 최고의 섬김은 평화를 만드는 자로 사는 것입니다. 그러므로 하나님과 화목하십시오. 그 평화를 먼저 자신이 누리고 또한 이웃에게 전하십시오.

그 평화를 누리며 사는 자는 모든 것을 가진 사람입니다. 왜냐하면 그가 어디 있든지 하나님의 아들이라 불릴 것이기 때문입니다.

화평하게 하는 자

한·눈·에·보·는·8장

I. 들어가는 말

하나님을 뵌 사람은 모든 사람이 그러하길 바란다.
그래서 복음을 전한다. 하나님과의 화목을 위해 힘쓴다.
그들은 화평케 하는 자이다.
"화평하게 하는 자는 복이 있나니…"(마 5:9).

II. 평화의 의미

처음 창조되었을 때 세상은 평화의 상태였다.
인간은 하나님과 사람들, 자연 만물과도 평화를 누렸다.
그러나 죄가 들어오자 하나님과의 관계가 깨어졌다.
사람들 사이의 관계도, 자연과의 관계도 깨어졌다.
이러한 상황에서 신자는 평화를 만드는 자로 부름받았다.

III. 평화를 만드는 사람들

평화가 실현되어야 할 영역은 다음과 같다.
첫째로, 가정이다.
신자는 가정의 평화를 위한 밀알이 되어야 한다.
둘째로, 교회다.
교회가 영원에 대해 무관심해지면 세상 가치를 따르게 된다.
이때 교회에 다툼과 분쟁이 생긴다. 이는 부끄러운 일이다.
셋째로, 사회다.
사회에는 보이지 않는 장벽이 있다.
그 속에서 무관심과 차별, 폭력과 투쟁이 일어난다.
신자는 이러한 사회에서 화목하게 하는 직분을 받았다.
이를 위해 복음을 전해야 한다.

IV. 화평케 하는 자의 행복

화평케 하는 자는 복이 있다.
"…그들이 하나님의 아들이라 일컬음을 받을 것임이요"(마 5:9).
하나님의 아들로 불리게 된다는 말의 의미는 다음과 같다.
첫째로, 현재적으로 하나님의 성품에 참여하는 것이다.
세상은 우리를 통해 하나님 나라 백성의 삶을 알게 된다.
세상 사람들 앞에서 우리가 하나님 아들임을 증명하는 것이다.
둘째로, 하나님의 영광에 참여하는 것이다.
구원받음으로 새 피조물이 되었다. 그리스도의 생명을 누리게 되었다.
신의 성품에 참여하게 되었다. 그러니 어찌 영광스럽지 않겠는가.

V. 맺는말

신자는 평화를 위해 부름받았다.
그 평화를 자신도 누리고 이웃에게 전해야 한다.
이 일을 위해 복음을 전해야 한다.

중국에서 한 노(老)목회자를 만났습니다. 그는 젊은 시절 그리스도를 만나 목회에 헌신하다가 문화 대혁명을 겪었습니다. 신자에 대한 대대적 박해가 시작되었고 목회자들은 가혹한 고문 끝에 강제 노동 수용소로 보내졌습니다. 사랑하는 아내와 어린 두 아들을 남긴 채, 그는 수용소에서 약 15년 동안 죽음 같은 세월을 이어 갔습니다. 그동안 가족들과 단 한 번도 면회는 물론 서신 왕래도 하지 못했습니다.

만기 출소한 후 고향집에 돌아와 보니, 교회는 이미 없어졌고 성도들도 뿔뿔이 흩어진 지 오래였습니다. 정든 집은 거의 폐허가 되어 있었습니다. 큰아들은 마약 중독자가 되어 있었고 둘째 아들은 공산당원이 되어 있었습니다. 사랑하는 아내는 화병으로 세상을 떠난 뒤였습니다. 모든 사실을 알고 그 목회자는 마당에 주저앉아 통곡하며 울었습니다.

그때 주님의 음성이 또렷이 들렸습니다. "얘야, 그래도 네가 나를 사랑하느냐?" 그는 더욱 목 놓아 통곡하며 대답했습니다. "예, 주님. 그래도 제가 주님을 사랑하나이다." 그 이야기를 듣고 나도 모르게 한참 동안 흐느꼈습니다.

제9장

박해받는 자

"복이 있도다, 의를 위하여 박해를 받아 오고 있는 자들이여,
왜냐하면 그 하늘나라가 그들의 것이기 때문이다"(마 5:10, KNJ 私譯).

μακάριοι οἱ δεδιωγμένοι ἕνεκεν δικαιοσύνης,
ὅτι αὐτῶν ἐστιν ἡ βασιλεία τῶν οὐρανῶν.

저자의 설교 '박해받는 자의 복 1', '박해받는 자의 복 2'로 연결됩니다.

들어가는 말

죄가 들어온 후 평화가 사라졌습니다. 세상에는 다툼이 가득하게 되었습니다. 반목과 갈등, 분노와 억압은 일상이 되었습니다. 하나님과의 화목이 깨지자 평화롭게 살 수 없게 되었습니다. 자연 만물도 함께 고통을 받게 되었습니다(롬 8:22).

진정한 평화는 하나님과의 화목을 통해서 옵니다. 이 일을 위해 그리스도께서 오셨습니다. 첫걸음은 복음을 믿는 것입니다. 거기서부터 평화가 시작되기 때문에, 때를 얻든지 못 얻든지 복음을 전해야 합니다(딤후 4:2). 복음은 세상 사람들에게 기쁜 소식입니다. 그러나 세상 권세를 잡은 마귀에게는 나쁜 소식입니다.

하나님 나라와 세상 나라의 백성들은 서로 다른 질서 속에서 살아갑니다. 두 질서가 충돌하는 지점에서 박해가 일어납니다.

박해란 무엇인가?

국어사전적으로 박해란 '약한 처지의 개인이나 세력을 억누르거나 괴롭혀 해를 끼침'을 뜻합니다.* 우리말 성경에 '박해받는 자'라고 번역된 단어는 '믿음이나 신념을 이유로 누군가를 괴롭히다.'라는 뜻을 가진 헬라어 동사 **디오코**(διώκω)에서 온 것입니다.**

신자의 부도덕한 행실이 사람들의 입에 오르내리는 경우가 있습니다. 교회가 불법을 저질러 법정에서 심판을 받기도 합니다. 이것은 박해받는 것이 아닙니다. 자신의 죄 때문에 고통받는 것입니다. 거기에는 아무 보상이 없습니다. "죄가 있어 매를 맞고 참으면 무슨 칭찬이 있으리요…"(벧전 2:20).

---

* 고려대학교 민족문화연구원 국어사전편찬실 편, 『고려대 한국어대사전(ㅂ-ㅇ)』 (서울: 고려대학교 민족문화연구원, 2011), 2410.

** Walter Bauer, Frederick W. Danker, William F. Arndt, F. Wilbur Gingrich, eds., *A Greek-English Lexicon of the New Testament and Other Early Christian Literature*, 3rd ed. (Chicago: University of Chicago Press, 2000), 254.

진정한 의미의 박해는 하나님 나라의 의(義) 때문에 받는 고난을 가리킵니다.

"의를 위하여 박해를 받은 자는 복이 있나니…"(마 5:10).***

의는 하나님의 뜻에 부합한 상태입니다. 이때 의는 다음과 같이 정의됩니다. "인간의 의란 하나님의 성품의 반영으로서, 사람의 내면 세계와 외면 생활이 하나님의 뜻에 완벽히 합치된 상태다."****

박해받는 이유는 무엇 때문입니까? 의를 위해서입니다. 자신뿐 아니라 이웃과 사회가 하나님의 뜻에 합치되기를 힘쓰기 때문입니다. 하나님의 뜻이 이루어지기를 애쓰기에 핍박을 받습니다. 이것은 먼저 신자 안에서 경험됩니다.

하나님의 뜻대로 살고자 할 때, 두 개의 자아가 있는 것처럼 느껴집니다. 육체를 따라 살고자 하는 욕망과 성령을 따라 살고자 하는 의지가 대립하기 때문입니다. 은혜가 충만할 때는 죄가 없는 것처럼 느껴집니다. 하지만 은혜가 사라질 때는 욕망이 뚜렷이 느껴집니다.

*** "의를 위하여 박해를 받은 자는 복이 있나니…"(μακάριοι οἱ δεδιωγμένοι ἕνεκεν δικαιοσύνης…). 여기서 '의'(의)라고 번역된 헬라어 **디카이오쉬네**(δικαιοσύνη)는 기본적으로 '옳음, 허물 없음'을 뜻한다. 이 단어의 보다 상세한 의미에 관해서는 각주 65를 참고하라.

**** 김남준, 『염려에 관하여』(서울: 생명의말씀사, 2020), 162.

둘은 한 마음 안에서 서로 싸움질하며 고통을 줍니다. "여호와여 주의 은혜로 나를 산같이 굳게 세우셨더니 주의 얼굴을 가리시매 내가 근심하였나이다"(시 30:7).

> "내 지체 속에서 한 다른 법이 내 마음의 법과 싸워 내 지체 속에 있는 죄의 법으로 나를 사로잡는 것을 보는도다"(롬 7:23).

의를 위한 고통은 마음의 갈등에서 그치지 않습니다. 하나님을 거스르는 세상 사람들 때문에 고통을 겪습니다. 흔히 예수 믿으면 세상만사가 다 잘될 것이라고 생각합니다. 현실은 그렇지 않습니다. 신자도 많은 시련을 겪습니다. 어떤 고통은 원인을 설명할 수도 없습니다.

진정한 만족은 세상 것들을 누리는 데 있지 않습니다. 하나님과 올바른 관계를 맺는 데 있습니다. 하나님이 행복의 근원이시기 때문입니다.

하나님과의 올바른 관계 안에서 사람들과 올바른 관계를 가져야 합니다. 그 관계는 하나님 사랑의 질서를 따릅니다. 신자의 마음은 진리와 성령으로 변화됩니다. 구원과 함께, 삶에는 새로운 질서가 도입됩니다. 세상과는 전혀 다른 질서입니다. 하나님 나라의 질서입니다. 그것이 세상 나라의 질서와 충돌하면 저항합니다. 그래서 세상의 미움을 받습니다.

박해는 세상 사람들과는 다른 존재로서, 다른 방식의 삶을 살기 때문에 당하는 것입니다. 집단에서 따돌림을 당하거나, 사회적으로 불이익을 받거나, 심지어 형벌에 처해지기도 합니다. 이로써 신자는 자신이 세상에 속한 사람이 아님을 깨닫게 됩니다.

믿음이 없다면 박해에 굴복할 것입니다. 그러나 믿음으로 산다면 굴복하지 않을 것입니다. 세상 나라가 낯설게 느껴질수록 하늘나라에 친숙해질 것입니다. 박해받을수록 하나님 나라에 대한 갈망은 커질 것입니다.

의를 위해 박해를 받을 때, 그것은 하나님 나라와 관련됩니다. 의에 주리고 목마른 사람이 추구하던 것이 그 나라의 의입니다. 하나님 나라의 질서를 따라 살기에 고난을 받는 것입니다.

핍박받아 흘린 눈물은 세상 사랑으로 얼룩진 마음의 창을 깨끗이 닦아 줍니다. 맑은 마음으로 천국을 소망하게 만들어 줍니다. 그의 울음 속에 하나님이 함께해 위로해 주십니다.

마태복음에서 박해라는 주제는 특별한 의미가 있습니다. 당시 초기 교회 공동체가 현재적으로 받고 있던 고난을 반영하기 때문입니다.* 특히 그들은 동족인 유대인들에게 고난을 받으면서, 그런 현실

---

* 본문에서 '박해를 받는 자'라고 번역된 헬라어 단어 **데디오그메노이**(δεδιωγμένοι)는 동사 **디오코**(διώκω)의 제1완료, 분사, 수동태, 남성, 복수, 주격이다. '박해를 받아 오고 있는 자들'(ones having been persecuted)이라는 뜻이다.

에 대한 설명을 듣고 싶었을 것입니다. 박해에 대해 어떤 태도를 취해야 할지도 알고 싶었을 것입니다.*

신자를 박해하는 세상

세상이 그리스도를 박해했으니, 신자도 핍박받지 않겠습니까? 희생과 고난 없이 예수를 따를 수 없지 않겠습니까?(눅 9:23-24) 핍박을 피할 수 없음을 강조하셨습니다.

기독교 역사를 돌아보십시오. 박해의 피로 쓰여진 역사입니다. 원래 성경책의 모서리가 붉은색으로 칠해졌던 이유입니다. 믿음으로 산 사람들은 하나님 나라를 위해 박해받았습니다. 그리스도인이라는 이유로 일자리를 빼앗겼고, 삶의 터전에서 쫓겨났습니다.

세례 요한을 보십시오. 헤롯이 동생의 아내 헤로디아를 취한 일의 불의함을 지적하였습니다(마 14:3-4). 그는 감옥에 갇혔습니다. 헤롯의 생일날, 헤로디아의 딸은 춤을 추었습니다. 헤롯은 그 아이에게 무엇이든지 주겠다고 하였습니다. 아이는 어미의 지시를 따라 세례 요한

---

* Donald A. Hagner, *Matthew 1-13*, in *Word Biblical Commentary*, vol. 33A (Dallas: Word Books Publisher, 1993), 95.

의 목을 소반에 얹어 달라고 요청하였습니다(마 14:8). 세례 요한은 목 베임을 당했습니다. 요한은 헤롯의 정적(政敵)이 아니었습니다. 다만 헤롯의 불의를 꾸짖었을 뿐입니다. 그냥 선지자로서 할 말을 했을 뿐입니다. 그러나 헤롯은 그를 죽였습니다.

우리가 의를 추구하며 살아갈 때 세상은 싫어합니다. 그리스도를 따르는 것은 세상과의 갈등을 의미합니다(히 11:36-38). 세상 사람들과 다른 부르심이 있어야 합니다. 자기를 희생할 대의(大義)를 가지고 살아야 합니다.

중국에서 한 노(老)목회자를 만났습니다. 그는 젊은 시절 그리스도를 만나 목회에 헌신하였습니다. 문화 대혁명이 일어났습니다.** 신자에 대한 대대적인 박해가 시작되었고 목회자들은 가혹한 고문 끝에 강제 노동 수용소로 보내졌습니다.

사랑하는 아내와 어린 두 아들을 남긴 채, 이 목회자는 약 15년 동안 수용소에서 죽음 같은 세월을 이어 갔습니다. 그동안 가족들과 단 한 번도 면회는 물론 서신 왕래도 허락되지 않았습니다.

** 문화 대혁명(文化大革命, 1966-1976)은 중국의 최고 지도자 마오쩌둥(毛澤東)에 의해 주도된 극좌 사회주의 운동이다. 사회주의 계급 투쟁을 강조하는 대중 운동의 모습을 지녔으나 실상은 중국 공산당 내 권력 투쟁에서 비롯된 것이었고, 부르주아적 이념을 지닌 당원들, 지식인들, 예술가들, 종교인들을 무자비하게 숙청하였다. 두산동아 백과사전연구소 편, "문화 대혁명", 『두산세계대백과사전 10』(서울: 두산동아, 1996), 623-624.

만기 출소한 후 고향집에 돌아왔습니다. 교회는 이미 없어졌고 성도들은 뿔뿔이 흩어진 지 오래였습니다. 정든 집은 거의 폐허 상태였습니다. 큰아들은 마약 중독자가 되어 있었고 둘째 아들은 공산당원이 되어 있었습니다. 사랑하는 아내는 화병으로 오래전에 세상을 떠난 뒤였습니다.

동네 주민으로부터 그간의 이야기들을 전해 듣고, 목회자는 마당에 주저앉아 통곡하며 울었습니다. 그때 선명한 주님의 음성이 들려왔습니다. "애야, 그래도 네가 나를 사랑하느냐?" 그는 더욱 목 놓아 통곡하며 대답했습니다. "예, 주님. 그래도 제가 주님을 사랑하나이다."

그 이야기를 듣고 숙소로 돌아와서 나도 모르게 한참 동안 흐느꼈습니다. 스스로 떠올린 주님의 물음이 귓가를 맴돌았기 때문이었습니다. "애야, 너도 그렇게 나를 사랑하느냐?"

바울의 평생 소원은 그리스도를 아는 것이었습니다. 이전에 유익하던 것을 다 해로 여겼습니다. 그리스도를 아는 지식이 가장 고상하였기 때문입니다(빌 3:8). 그리스도를 아는 지식은 다음의 두 가지와 밀접하게 연관되어 있습니다. 첫째로, 그리스도의 부활의 권능이 무엇인지를 아는 것입니다. 둘째로, 그리스도의 고난에 참여함이 무엇인지를 아는 것입니다(빌 3:10-11).

순교의 종소리가 들려오는 인생 황혼의 때였습니다. 바울은 그리스도를 알기 위해서는 고난에 참여해야 한다는 사실을 깨달았습니다. 그는 고난에 참여함으로써 그리스도를 본받고자 했습니다(고전 11:1).

바울의 생애는 박해의 연대기였습니다. 유대인들에게 40에서 하나 감한 매를 다섯 번 맞았습니다. 세 번 태장으로 맞고 한 번 돌로 맞고 세 번 파선했습니다. 일주야를 깊은 바다에서 지냈습니다. 여러 번 여행하였습니다. 강물의 위험과 강도의 위험과 동족의 위험과 이방인의 위험을 겪었습니다. 또한 시내의 위험과 광야의 위험을 경험했습니다. 바다의 위험과 거짓 형제 중의 위험을 감수해야 했습니다. 또 수고하며 애쓰고 여러 번 자지 못했습니다. 주리며 목마르고 여러 번 굶고 춥고 헐벗어야 했습니다(고후 11:24-27).

신자는 하나님의 나라와 그의 의를 구하며 살도록 부름받았습니다(마 6:33). 소명을 따라 살 때 세상으로부터 박해받습니다. 그때 두 가지를 깨닫게 됩니다.

첫째로, 자신이 그리스도를 따르고 있음을 깨닫습니다. 사도들은 박해를 받을 때 기뻐했습니다. 하나님 앞에서 자신들이 인정받았다고 여겼기 때문입니다(행 5:41). 박해받는 것을 특권처럼 여겼습니다. 무엇 때문이었습니까? 자기들이 그리스도 가신 길을 따라가고 있다고 믿었기 때문입니다.

둘째로, 세상이 본향이 아님을 깨닫습니다. 박해받을 때 자기가 세상에 속한 사람이 아님을 알게 됩니다. 단지 나그네요, 이방인임을 확인합니다. 하늘 본향을 더욱 사모하게 됩니다(히 11:16).

하나님은 우리를 사랑하십니다. 그 사랑은 영혼과 정신에서, 육체와 생활에서 크고 작은 섭리로 나타납니다(약 1:17). 우리가 지금 누리

는 모든 것들, 의복과 음식뿐만 아니라 친구와 가족들까지도 모두 하나님이 주신 것들입니다. 그것들을 통해 하나님의 사랑을 깨닫게 됩니다. 그렇지만 신자는 이것들만으로는 살 수 없습니다.

모든 소망이 단지 세상에 있다면 어찌 인생이 허무하지 않겠습니까? 변하는 세상에 대한 사랑은 불멸할 영혼을 땅에 묶어 버립니다. 그리하여 날지 못하는 새가 되게 하니, 거기 무슨 자유가 있겠습니까? 자유가 없는데 무슨 행복이 있겠습니까?

행복과 불행은 모두 사랑에서 옵니다. 행복은 악한 것을 올바르게 미워한 것이고, 불행은 선한 것을 그릇되게 사랑한 것입니다. 만약 선한 것이 늘 아름답고 악한 것이 항상 추루하게 보였다면, 아무도 불행해지지 않았을 것입니다. 그런 오류에 빠질 수 있기에, 박해는 우리를 깨어 정신 차리게 해줍니다(살전 5:6).

박해를 견딜 때, 자신이 그리스도의 길을 가고 있음을 깨닫습니다. 쏟는 눈물에 세상 사랑은 씻겨 나가고, 흘리는 핏물에 사랑은 깊어져 갑니다. 세상에 살고 있으나 하늘에 속한 사람임을 확신하게 됩니다.

박해받는 자의 행복

심령이 가난해집니다. 애통하는 자가 됩니다. 온유한 자가 됩니다. 의에 주리고 목마른 자가 됩니다. 긍휼히 여기는 자가 됩니다. 마음이 청결한 자가 됩니다. 평화를 만드는 자가 됩니다. 그럴수록 세상으로부터 박해를 받습니다.

불의한 세상이기에 의를 위해 사는 사람이 박해를 받습니다. 그러나 그는 두려워하지 않습니다. 죄와 하나님 나라를 위해서는 어린 양처럼 애통하였으나 박해를 받을 때는 사자처럼 담대합니다. 무엇 때문일까요?

"…천국이 그들의 것임이라"(마 5:10).

박해를 받는 자와 심령이 가난한 자가 받는 복이 동일합니다. 이는 우연이 아닙니다. 둘 모두 같은 선언으로 끝납니다. "…천국이 그들의 것임이요"(마 5:3). "…천국이 그들의 것임이라"(마 5:10). 그래서 어떤 사람들은 이 말씀을 팔복(八福)이 아니라 칠복(七福)이라고 봅니다.

왜냐하면 심령이 가난한 자의 복과 핍박받는 자의 복이 별개가 아니라 서로를 포함하는 동일한 복이라고 이해하기 때문입니다. 행복의 조건으로는 여덟 개지만, 행복의 선언으로는 일곱 개라고 보는 것입니다.* 다시 말해, 행복의 종류와 관련해서 보면 칠복입니다. 천국이 그들의 것이라는 행복의 선언이 첫 번째와 여덟 번째에 동일하게

---

* Hans Dieter Betz, *Hermeneia: The Sermon of the Mount* (Minneapolis: Fortress Press, 1995), 105.

나오기 때문입니다. 그러나 "복이 있나니"라고 하신 조건으로 본다면 여덟 개이기 때문에 팔복이라고 부릅니다.

두 가지 복됨에 관해 동일한 선언, 곧 "천국이 그들의 것임이요."로 시작하고 끝을 내는 것은 일종의 문학적 장치입니다. 첫 번째 복이 존재의 변화를 말해 준다면, 여덟 번째 복은 변화된 존재가 세상에서 무엇을 겪게 되는지를 보여줍니다.

가난한 심령으로 하나님을 찾는 것은 천국을 누리고 있기 때문입니다. 세상에서 하나님의 백성답게 사는 것도 이미 천국을 누리고 있기 때문입니다. 전자는 하나님 나라가 찾아오는 모습이고, 후자는 세상 나라로 나아가는 모습입니다. 그렇다면 어떤 식으로 천국을 누리게 하실까요? 천국을 두 국면에서 생각해 보아야 합니다.

첫째로, 지상적이고 현재적인 국면입니다. 하나님 나라는 이미 임했습니다. 그리스도의 오심과 함께 하나님의 통치는 시작되었습니다(마 12:18). 신자는 거기서 하나님과의 평화를 누립니다. 박해받는 자는 고통을 겪습니다. 그러나 그는 다른 사람들이 알 수 없는 위로를 받습니다. 하나님 나라를 누리고 있기 때문입니다. 신령한 방식으로 기쁨을 주십니다. 육체로는 박해를 받지만 영혼으로는 자유를 누리게 하십니다.

둘째로, 천상적이고 미래적인 국면입니다. 하나님의 나라는 이미 임했으나 아직 완성되지는 않았습니다. 세상에는 여전히 하나님의 통치에 반항하는 권세들이 있습니다(엡 6:12). 이러한 반역은 그리스도께서 다시 오시는 날까지 계속될 것입니다. 그러나 마침내 세상 나라의 질서는 파괴되고 하늘나라의 질서는 완전하게 될 것입니다. 완전한 사랑 속에 정의로운 나라가 될 것입니다.

박해받는 사람들은 하나님 나라를 상속받을 것입니다. 또한 상속받을 나라를 현재적으로 누리며 살아갑니다. 그 나라에는 모든 것이 풍족합니다. 완전한 평화와 행복의 나라입니다. 영혼과 육체에 모자라는 것이 없을 것입니다.

신앙에는 두 가지가 함께 있어야 합니다. 초월성과 역사성입니다.

하나는 초월성입니다. 그것은 시간과 공간을 초월하는 신령한 은혜에 관한 것입니다. 십자가 사랑, 영적인 은혜 같은 것입니다. 신앙이 가진 이런 초월적인 은혜의 성격 때문에 한 인간으로서, 신자로서 하나님 나라를 위해 살아갈 힘을 얻습니다. 이것이 신앙의 초월성입니다.

또 하나는 역사성입니다. 그것은 신앙에 있어서 시간과 공간 안에 있는 시대적 상황에 관한 것입니다. 자기 시대의 역사 발전에 이바지해야 합니다. 사랑과 정의를 위해 살아야 합니다. 선을 행하고 불의에 항거해야 합니다. 하나님을 인정하는 문화 발전에 이바지해야 합니다. 세상의 땅끝까지 하나님의 통치가 이루어지도록 살아가야 합니다. 이것이 신앙의 역사성입니다.

예수 그리스도께서는 세상에 계실 때 박해를 받으셨습니다. 비난과 멸시, 조롱과 고난을 한 몸에 받으셨습니다. 세상을 사랑하셨기에 모든 삶으로 하나님 나라를 보여주셨습니다. 고난을 이기는 강인함과 세상에 굴복하지 않는 꿋꿋함이 어디서 나왔을까요?

"나를 보내신 이가 나와 함께하시도다 나는 항상 그가 기뻐하시는 일을 행하므로 나를 혼자 두지 아니하셨느니라"(요 8:29).

그것은 바로 하나님이 함께하시는 것이었습니다. 아버지와 함께하셨기에 모든 것을 견디고 이기실 수 있었습니다. 그리스도께서 승천하시며 약속하셨습니다.

"내가 너희에게 분부한 모든 것을 가르쳐 지키게 하라 볼지어다 내가 세상 끝날까지 너희와 항상 함께 있으리라 하시니라"(마 28:20).

박해를 받으면서도 믿음으로 사는 이유가 무엇입니까? 핍박 속에서도 믿음을 따라 살아갈 힘이 어디에서 나옵니까? 하나님이 함께하시는 데서 나오는 것이 아니겠습니까?

하나님의 영광을 위해 살고자 하는 열정은 영원하지 않습니다. 마음이 변하기 때문입니다. 하나님 이름을 위해 살고 싶어하는 마음도, 세상 욕심을 버리고 싶은 마음도 항상 있는 것이 아닙니다. 하나님이 함께하지 않으신다면 곧 사라져 버립니다. 하나님 사랑 안에 있을 때만 정의롭게 살아갈 수 있습니다. 박해가 아무리 거칠고 강해도 하나님은 이겨 낼 힘을 주십니다. 의지하는 자를 더욱 강하게 하십니다. 신령한 은혜와 거룩한 능력을 주십니다. 매일 부어 주시는 은혜가 필요합니다. 그래야 박해에 굴하지 않습니다.

문제는 박해의 크기가 아닙니다. 세상으로부터 미움받는 크기가 아닙니다. 우리 안에 그리스도의 생명이 충만하지 못한 것입니다. 그래서 핍박을 받을 때 비겁해지는 것입니다. 하나님을 의지하십시오. 박해를 견딜 수 있는 힘을 주십니다. 영원한 하늘나라에서뿐만 아니라 잠시 머물 세상에서도 행복을 누리게 하십니다.

박해를 두려워하지 마십시오. 하나님을 사랑하는 모든 사람들이 겪었습니다. 사랑의 기쁨으로 이기며 사십시오.

맺는말

하나님은 우리를 선택하셨습니다. 남이 알지 못한 복음을 들려주셨습니다. 믿음을 선물로 주셨습니다.

이는 세상에서 소금과 빛으로 살게 하시기 위함입니다(마 5:13-14). 소금이 그 맛을 잃어버리면 아무 쓸모 없어집니다. 밖에 버려지고 사람들에게 밟히게 됩니다(마 5:13).

하나님을 누림으로 박해를 견뎌야 합니다. 의를 위한 삶을 포기하지 말아야 합니다. 하나님의 자녀로 살아야 합니다. 하나님을 사랑하십시오. 정의로운 삶을 사십시오. 박해를 견디십시오. 우리는 세상 사람들에게 없는 하나님 나라를 누리고 있지 않습니까?

우리에게는 그들이 알 수 없는 신령한 은혜가 있습니다. 몸은 죽여도 영혼은 능히 죽이지 못하는 자들을 두려워하지 않습니다. 오히려 몸과 영혼을 능히 지옥에 멸하실 수 있는 하나님을 두려워합니다(마 10:28). 그 믿음으로 박해를 견딥니다.

그들이 욕하면 우리는 모욕받을 것이고, 때리면 맞을 것이며, 죽이면 죽을 것입니다. 그러나 그리스도를 배신하지는 않을 것입니다. 왜냐하면 박해받는 자에게는 그들이 모르는 행복이 있기 때문입니다.

하나님이 우리를 팔복의 사람으로 부르십니다. 이 부르심에 응답하시렵니까?

박해받는 자

한·눈·에·보·는·9장

I. 들어가는 말

하나님 나라 백성과 세상 나라 백성은 다른 질서에서 살아간다.
두 질서가 충돌할 때 신자는 하나님 나라 질서를 따른다.
그때 세상은 신자를 박해할 것이다.

II. 의를 위한 박해

신자는 하나님의 뜻을 이루기 위해 살아간다.
그때 박해를 받게 될 것이다.
"의를 위하여 박해를 받은 자는 복이 있나니…"(마 5:10).
이 박해는 신자 안팎에서 일어난다.
첫째로, 신자 안에서다.
육체를 따르려는 자아와 성령을 따르려는 자아가 대립하는 것이다.
그때 신자는 고통을 받는다.
둘째로, 신자 밖에서다.
신자는 하나님을 거스르는 세상 사람들 때문에 박해를 받는다.
세상 사람들과 다른 존재로, 다른 방식으로 살기 때문이다.
신자는 박해받을 때 다음 두 가지를 깨닫는다.
첫째로, 자신이 그리스도를 따르고 있다는 것이다.
둘째로, 세상이 본향이 아니라는 것이다.

III. 박해받는 자의 행복

신자는 박해받을 때 두려워하지 않는다.
천국을 소유하고 있기 때문이다.
"…천국이 그들의 것임이라"(마 5:10).
그러면 신자는 어떤 식으로 천국을 누릴까?
첫째로, 지상적이고 현재적인 국면이다.
예수님 오심과 함께 하나님의 통치는 시작되었다.
신자는 박해받을 때 하나님의 위로를 받는다.
그들이 하나님 나라를 누리고 있기 때문이다.
둘째로, 천상적이고 미래적인 국면이다.
그리스도 재림의 날, 그 나라의 질서는 완전하게 설 것이다.
완전한 사랑 속에서 정의로운 나라가 이루어질 것이다.

IV. 맺는말

하나님은 의를 위해 박해받는 자들과 함께하신다.
주님이 함께하심으로, 신자는 박해를 이길 수 있다.
하나님을 누림으로 박해를 견디라. 의로운 삶을 포기하지 말라.
세상 사람들이 모르는 신령한 은혜로 박해를 이기며 살길 바란다.

최고의 미덕은 하나님을 기뻐하는 것입니다. 기뻐함은 것이 사랑하는 것입니다. 사랑과 온 순히 여기는 것이야말로 사람의 특성입니다. 하나님을 기뻐하는 사람들은 그들의 마음을 돌 입니다. 그 마음으로 거룩한 삶을 살아갑니다.

꽃길만 걷는 믿음의 사람은 없습니다. 꽃길만 걸었다면 그는 실로이 거느하지 않았을 것입 니다. 애통하지도 않았을 것입니다. 그는 믿음의 조상들이 그러했듯이 시험의 가시밭길을 걷고 고난의 골짜기를 지나갑니다. 그럼에도 불구하고 그는 행복하게 살았다고 고백할 수 있습니다. 하나님을 만나는 기쁨이 있기 때문입니다.

핍박의 시련은 박해를 받을 때 기뻐합니다. 복음 때문에 핍박 받을 때 하나님이 그와 함께 하시기 때문입니다. 하나님 때문에 기뻐하십시오. 그 기쁨이 박해하는 자들을 허무하게 만들 고, 무리가 하늘에 속한 사람임을 알게 할 것입니다.

제10장

기뻐하는 사람들

"나 때문에 너희를 모욕하고 핍박하고 거짓으로 너희를 대항하여 모든 악한 것들을 할 때 복이 있도다, 너희들이여. 기뻐하고 즐거워하라. 왜냐하면 하늘에서 너희의 상급이 크기 때문이다. 이는 너희 전에 있던 그 선지자들도 그렇게 박해하였기 때문이다"(마 5:11-12, KNJ 私譯).

μακάριοί ἐστε ὅταν ὀνειδίσωσιν ὑμᾶς καὶ διώξωσιν καὶ
εἴπωσιν πᾶν πονηρὸν καθ᾽ ὑμῶν ψευδόμενοι ἕνεκεν ἐμοῦ.
χαίρετε καὶ ἀγαλλιᾶσθε,
ὅτι ὁ μισθὸς ὑμῶν πολὺς ἐν τοῖς οὐρανοῖς·
οὕτως γὰρ ἐδίωξαν τοὺς προφήτας τοὺς πρὸ ὑμῶν.

저자의 설교 '고난받는 팔복의 사람들 1', '고난받는 팔복의 사람들 2', '기뻐하는 팔복의 사람들 1', '기뻐하는 팔복의 사람들 2'로 연결됩니다.

들어가는 말

마음에 하나님 나라의 통치가 이루어졌습니다. 세상 사람들과 다른 새로운 피조물이 되었습니다(고후 5:17). 그리스도를 사랑하고 하나님의 질서를 따릅니다. 주 뜻대로 살고 싶기 때문입니다. 이제 세상이 악할수록 고난받습니다.

"나로 말미암아 너희를 욕하고 박해하고 거짓으로 너희를 거슬러 모든 악한 말을 할 때에는 너희에게 복이 있나니 기뻐하고 즐거워하라 하늘에서 너희의 상이 큼이라 너희 전에 있던 선지자들도 이같이 박해하였느니라"(마 5:11-12).

어떤 사람들은 이것이 여덟 번째 복에 대한 부연 설명이라고 봅니다. 왜냐하면 앞에서 언급된 박해를 보다 구체적으로 설명하는 것처럼 보이기 때문입니다.

그러나 대부분의 학자들은 그렇게 보지 않습니다. 팔복은 마태복음 5장 10절에서 끝나고, 이어지는 11절과 12절은 앞에 나온 여덟 개의 복 전체에 대한 확장된 설명이라고 봅니다.

이러한 사실은 "복이 있나니"라는 선언을 받는 인칭이 서로 다르다는 점에서도 분명합니다. 팔복의 선언을 받는 대상은 3인칭인데 반해서, 이후 두 절에서는 2인칭입니다. 더욱이 이 문단의 마지막 절은 전혀 다른 말로 시작합니다. "기뻐하고 즐거워하라 하늘에서 너희의 상이 큼이라…"(마 5:12).

또한 이것은 팔복의 조건-선언이라는 형식과는 다릅니다. 마태복음 5장 11-12절 두 구절은 팔복과는 별도의 가르침으로 보아야 합니다.* 팔복을 종합하면서 주신 가르침입니다.

훌륭한 신앙을 가졌다고 세상에서 환대를 받는 것은 아닙니다. 그리스도를 싫어하는 것만큼, 세상은 신자를 박해합니다. 모든 사상에 하나님이 없다고 하는 시대에는 더욱 그렇습니다(시 10:4).

---

* 이에 대한 논의는 다음을 참고하라. Hans Dieter Betz, *Hermeneia: The Sermon of the Mount* (Minneapolis: Fortress Press, 1995), 105.

예수 닮음과 고난

팔복의 사람의 원형은 그리스도이십니다. 이는 자신의 인격과 삶으로 보여주신 바입니다. 따라서 예수님을 닮은 것만큼 팔복의 사람이 됩니다.

세상에서 어떻게 사셨습니까? 주린 자를 먹이셨고, 병든 자를 고쳐 주셨습니다. 무지한 자에게 진리를 가르치셨고, 외로운 자의 친구가 되어 주셨습니다. 무슨 나쁜 일을 하셨습니까. 그런데도 세상은 그분을 미워했습니다. 왜 그랬을까요? 그분이 자기들과 너무나 다르다고 느꼈기 때문입니다. 진리를 싫어했기 때문입니다.

"지금 하나님께 들은 진리를 너희에게 말한 사람인 나를 죽이려 하는도다…"(요 8:40).

악한 자들은 그리스도의 성품에서 하나님의 심판을 보았습니다. 불결하던 사람들은 정죄를 보았습니다. 분쟁하던 사람들은 겸손을 보았습니다. 그것이 싫었습니다. 그런 사실을 깨달았다면 회개해야 하지 않겠습니까? 그러나 그들은 믿지 않고자 했기에 뉘우치지 않았습니다. 오히려 그리스도를 미워했습니다.

바리새인을 비롯한 종교 지도자들과 열성적인 유대인들이 그러했습니다. 성경과 전통을 따른다고 주장하던 사람들이 그분을 박해했습니다. 그들은 진리를 알았기에 오히려 남을 속이려 했습니다. 진리가 머리를 쓰다듬을 때면 좋아했지만 꾸짖을 때면 싫어했습니다.* 그분을 미워하였습니다(요 3:19-20). 십자가 고난이 그 미움의 끝은 아니었습니다. 부활하신 그리스도를 따르는 제자들도 박해했습니다(행 8:1). 그러니 팔복의 사람인 신자가 어찌 박해받지 않겠습니까?

"나로 말미암아 너희를 욕하고 박해하고 거짓으로 너희를 거슬러 모든 악한 말을 할 때에는 너희에게 복이 있나니"(마 5:11).

세상은 신자를 미워합니다. 이는 그들이 우리와 영(靈)이 다르기 때문입니다(요일 4:3). 우리는 그리스도의 영을 받은 사람들입니다(롬 8:9). 성령의 인도를 받으며 삽니다(갈 5:18). 신령한 세계가 있습니다. 세상 사람들과 구별됩니다. 하나님과 교통하면서 사는 비밀이 있습니다. "무릇 하나님의 영으로 인도함을 받는 사람은 곧 하나님의 아들이라"(롬 8:14).

---

* 진리가 반짝이면 사랑하지만 꾸짖으면 미워한다. "…진리가 스스로를 드러낼 때면 사랑하지만, 자기네들의 죄을 드러낼 때면 미워합니다"(Amant eam lucentem, oderunt eam redarguentem, …amant eam, cum se ipsa indicat, et oderunt eam, cum eos ipsos indicat, 10.23.34). Aurelius Augustinus, *Confessiones*, in *Corpus Christianorum Series Latina*, vol. 27 (Turnholti: Brepols, 1996), 173.

구약에서 하나님의 영(靈)에 감동된 사람 요셉이 좋은 예입니다. 그는 하나님의 영이 특별히 함께하는 사람이었습니다.

나이 30세에 바로 앞에 섰습니다. 바로의 꿈을 해석하였고 대비책까지 알려 주었습니다. 바로는 그가 특별한 사람임을 알았습니다. 요셉은 영의 사람이었습니다. "바로가 그의 신하들에게 이르되 이와 같이 하나님의 영에 감동된 사람을 우리가 어찌 찾을 수 있으리요 하고"(창 41:38).

신자는 세상 사람과는 다른 영으로 사는 사람입니다. 그래서 때로는 인정받지만, 때로는 박해를 받습니다. 그러나 세상이 무시할 수 없는 존재입니다. 그는 영적인 사람입니다. 신령한 사람입니다.

세상이 박해하는 방식

세상 사람들이 박해하는 방식에 대해 네 가지로 말합니다. 그것은 모욕과 거짓, 대적과 악의입니다. "…너희를 욕하고 박해하고 거짓으로 너희를 거슬러 모든 악한 말을 할 때에는…"(마 5:11).

세상은 신자를 욕합니다. 부당한 모욕과 수치스러운 비난을 동원합니다. 죄가 있어서 욕을 먹는다면 그것은 마땅한 일입니다. 그러나 신자라는 이유 때문에, 아주 작은 잘못인데 합당한 정도 이상의 모욕을 당합니다. 그것은 공정하지 않습니다.

때로는 근거 없이 모함을 당하고 악의에 가득 찬 공격을 받기도 합니다. 이는 하나님을 대적하는 마음이 믿는 사람에 대한 박해로 나타난 것입니다.

세상은 신자를 박해합니다. 이는 제자들의 시대에만 있었던 일이 아닙니다. 언제나 그러했습니다. 그들은 하나님의 자녀들을 미워하기 위해 태어난 사람처럼 보입니다. 이 세상에는 그런 사람들이 많습니다. 경건한 시인도 겪었던 바입니다.

"까닭 없이 나를 미워하는 자가 나의 머리털보다 많고 부당하게 나의 원수가 되어 나를 끊으려 하는 자가 강하였으니 내가 빼앗지 아니한 것도 물어 주게 되었나이다"(시 69:4).

박해는 정당하게 이루어지지 않습니다. '거짓으로' 이루어집니다.*
그들은 얼마든지 옳지 않은 방식으로 신자들을 박해합니다. 진리가 없기 때문에 거칠 것이 없습니다. 신자를 거슬러 악한 말을 하니

---

* 본문에서 '거짓으로…말하다.'로 번역된 헬라어 **프슈도메노이**(ψευδόμενοι)는 동사 **프슈도마이**(ψεύδομαι)의 현재형, 분사, 남성, 복수다. '속임으로 말하다. 거짓말로 속이려 하다. 거짓을 말하다. 짐 지우다.'라는 의미다. Walter Bauer, Frederick W. Danker, William F. Arndt, F. Wilbur Gingrich, eds., *A Greek-English Lexicon of the New Testament and Other Early Christian Literature*, 3rd ed. (Chicago: University of Chicago Press, 2000), 1096–1097.

다. 그가 따르는 하나님의 질서에 대해 악의를 품고 있기 때문입니다. 악의와 편견으로 가득 찬 말을 쏟아 냅니다. 신자들이 불행해지기를 바랍니다. 당시 그리스도를 따르던 사람들이 세상에서 받던 대우였습니다.

오늘날 우리에게 그런 박해가 있습니까? 하나님을 위해 당하는 고난이 있습니까? 팔복의 사람이기에 당하는 핍박이 있습니까? 그리스도를 닮았다는 이유로 박해를 받는다면 얼마나 좋을까요? 팔복의 사람이기에 미움을 받는다면 얼마나 자랑스러울까요? 고난이 더할수록 하나님의 품을 파고들 것이며, 핍박이 심할수록 십자가를 굳게 붙들 것입니다.

경건한 자에게 박해는 하나님의 선물입니다. 핍박을 통하여 하나님께 피하는 자를 위해 쌓아 두신 은혜를 맛보기 때문입니다(시 31:19).

고난받는 선지자들

그리스도께서는 팔복의 사람들이 받을 상급을 말씀하시면서, '전에 있던 선지자들'에 대해 말씀하십니다. 구약 시대에 말씀을 전하던 예언자들입니다. 그들은 이스라엘이 하나님과 올바른 관계 맺기를 간절히 원했습니다. 하나님을 두려워하고 사랑하기를 바랐습니다. 그분 뜻대로 살기를 원했습니다. 그것은 핏빛 갈망이었습니다. 그것 때문에 울고 웃고, 살고 죽었습니다. 그러나 백성들은 선지자들을 멸시하고 핍박하였습니다.

> "기뻐하고 즐거워하라 하늘에서 너희의 상이 큼이라 너희 전에 있던 선지자들도 이같이 박해하였느니라"(마 5:12).

하나님은 이스라엘 나라를 통치하셨습니다. 세 직분자를 대리자 삼아 다스리셨으니, 왕과 제사장, 선지자였습니다.

왕은 하나님의 뜻대로 나라를 다스려야 했습니다. 온 나라가 하나님의 뜻을 이루는 데 이바지하도록 다스려야 했습니다. 제사장은 죄로 불결해진 백성들을 하나님 앞에 나아가게 도와야 했습니다.

이스라엘을 인간에 빗대어 보자면 다음과 같습니다. 겉 사람의 행동과 생활을 규율하는 것은 왕의 임무였고, 속 사람의 마음과 영혼을 규율하는 일은 제사장의 임무였습니다.

이 일들을 위하여 선지자는 계시를 전달해 주는 사람이었습니다. 그들은 모세의 율법을 자기 시대에 맞게 해석해 주었습니다. 말씀으로 깨우치고 불의한 삶을 돌이키게 하기 위함이었습니다. 그들은 설교자였습니다. 우상 숭배를 떠나 하나님의 사랑으로 돌아오라고 외쳤습니다.

그 설교를 듣고 뉘우치며 진실하게 제사를 드리면 용서해 주셨습니다. 백성들의 영혼은 일시적으로나마 소생함을 얻었습니다. 그러나 그들이 타락하면서 제사는 단지 형식이 되어 버렸습니다. 그렇게 드리는 제사는 하나님과의 관계를 바꾸지 못했습니다. 하나님은 마음 없이 드리는 형식적인 제사를 미워하셨습니다(사 1:11-15). 거기에는 경배의 마음이 없었습니다.

선지자들은 말씀을 선포했습니다. 이스라엘이 구별된 삶을 살도록 외쳤습니다. 어떤 사람은 회개하였으나 어떤 사람은 박해하였습니다. 감옥에 가두기도 하고 죽이기도 하였습니다(히 11:36-37). 선지자를 박해하는 것은 이스라엘 속에 흐르는 가문의 피와 같았습니다.

"그러므로 의인 아벨의 피로부터 성전과 제단 사이에서 너희가 죽인 바라갸의 아들 사가랴의 피까지 땅 위에서 흘린 의로운 피가 다 너희에게 돌아가리라"(마 23:35).

사람이 어찌 그리 악할 수 있을까요? 하나님을 경외해야 할 사람들이 그분이 사랑하시는 선지자들을 박해했습니다.

하나님은 이스라엘을 포도원에 비유하셨습니다(사 5:7). 하나님은 농부처럼 이스라엘을 보살피셨습니다.

바라셨던 바는 그들이 하나님 사랑하며 정의롭게 사는 것이었습니다. 그런데 포학과 울부짖음이 가득하였습니다. "…그들에게 정의를 바라셨더니 도리어 포학이요 그들에게 공의를 바라셨더니 도리어 부르짖음이었도다"(사 5:7).

이 오래된 포도원의 비유를, 예수께서 다른 버전으로 말씀하십니다. 포도원 주인의 비유입니다. 마음씨 좋은 포도원의 주인은 소작인들이 불편하지 않도록 모든 시설을 완비하였습니다. 그리고 세를 주었습니다.

추수 때가 되었습니다. 주인은 소작료를 받기 위해 종들을 보냈습니다. 그런데 소작인들은 그들을 심히 때렸습니다. 다른 종을 보냈더니 죽이고, 또 다른 종은 돌로 쳤습니다. 마지막으로 보냄 받은 주인의 아들을 포도원 밖에서 죽여 버렸습니다(마 21:33-40). 여기서 주인은 하나님을, 종들은 선지자들을, 소작인들은 이스라엘 백성들을 가리킵니다. 그리고 죽임 당한 아들은 예수 그리스도이십니다.

그리스도께서 십자가에서 죽으신 것은 백성들의 미움 때문이었습니다. 박해 끝에 죽임 당하셨습니다. 그리스도를 따르는 신자들도 세상의 미움을 받습니다.

세상은 진리를 싫어합니다. 하나님을 사랑하라는 가르침을 싫어합니다. 그분의 뜻대로 살기를 거부하기 때문입니다. 진리이신 하나님이 싫었기에 구주이신 그리스도를 미워합니다. 팔복의 사람이 되면 세상이 미워할 것입니다. 우리를 박해할 것입니다. 그러나 우리는 그렇게 되기를 원합니다.

천국의 상급

팔복의 사람은 하나님을 보여줍니다. 인격과 삶을 통해 그리스도를 보여줍니다. 하나님을 경외하는 사람들에게는 샘과 같고 싫어하는 사람들에게는 거치는 돌입니다.

그들은 저들에게 박해받을 것입니다. 그런데 그때 기뻐하고 즐거워하라고 하십니다.

"기뻐하고 즐거워하라…"(마 5:12).*

기쁨의 삶을 살아가야 합니다. 세상이 아니라 하나님 때문에 기뻐하는 삶입니다. 원래 슬픔이 기쁨을 내어 쫓고 기쁨은 슬픔을 몰아내는 법입니다. 그러나 신자의 마음에는 둘이 공존합니다. 거룩한 이유로 슬퍼하는 사람이 기뻐할 수 있으며, 신령한 이유로 기뻐하는 사람만 슬퍼할 수 있습니다.

---

* '기뻐하고'로 번역된 헬라어 **카이레테**($\kappa\alpha\acute{\iota}\rho\epsilon\tau\epsilon$)는 명령형으로, '즐거워하라. 환희하라.'라는 뜻이다. '즐거워하라.'의 **아갈리아스쎄**($\grave{\alpha}\gamma\alpha\lambda\lambda\iota\hat{\alpha}\sigma\theta\epsilon$)는 그보다 더욱 강한 뜻을 가지고 있다. '크게 기뻐하라. 넘치는 기쁨을 가지라. 찬양하라.'이다. Walter Bauer, Frederick W. Danker, William F. Arndt, F. Wilbur Gingrich, eds., *A Greek-English Lexicon of the New Testament and Other Early Christian Literature*, 3rd ed. (Chicago: University of Chicago Press, 2000), 4, 1075.

어떻게 기뻐하고 즐거워할 수 있을까요? 멸시와 미움을 받는데 어떻게 즐거워할 수 있을까요? 모욕을 받는데 어떻게 기뻐할 수 있을까요?

땅에서는 박해를 당해도 하늘에서는 상이 클 것이기 때문입니다. 기쁨과 즐거움의 이유를 하늘에서 찾으라고 말씀하십니다. 종말의 그날을 생각하며 환희에 벅찬 삶을 살라는 것입니다.

"…하늘에서 너희의 상이 큼이라…"(마 5:12).

박해받을 때 생각하십시오. 하늘에서 누릴 상급을 생각하십시오. 기뻐하고 즐거워하십시오. 은혜가 그것을 가능하게 합니다. 성령 충만한 사도들이 그렇게 살았습니다(행 5:40-41).

세상에서 고난을 당합니다. 그러나 하늘에서 누릴 상급을 생각하기에 기쁨으로 박해를 견딥니다. 신자의 관심사는 세상에 하나님 나라가 이루어지는 것입니다. 그것 때문에 살아 있는 사람입니다.

우리의 관심사는 무엇입니까? 하늘에서 받을 상급을 바라보며 살아야 합니다. 그것은 세상에서 이루지 못한 욕망을 내세에 투영한 것이 아닙니다. 그것은 잠시 머물 세상의 영화보다 하늘의 영광을 더욱 사모하는 것입니다. 하나님을 사랑하기 때문입니다. 그것은 망명 정부의 빛바랜 훈장이 아닙니다. 하나님을 위해 산 삶에 대한 하나님의 인정이며 치하입니다.

하늘 상급과 관련해서 두 가지 견해가 있습니다.

첫째로, 상급이 없다는 견해입니다. 이 견해를 따르는 사람들은 상급이라는 사상 자체가 가톨릭의 공로 사상에서 나왔다고 주장합니다. 이것은 오직 믿음으로 말미암아 구원을 얻는다는 종교 개혁의 가르침에 반하는 것이라고 봅니다. 따라서 성경의 상급 이야기는 우리가 나태해지지 않도록 선행을 격려하시는 눈높이 교육이라는 것입니다. 천국 자체가 완전한 기쁨과 만족의 나라이기 때문에 상을 받는 것과 같은 일은 없다는 것입니다. 그런 상상은 세속적이라는 것입니다.

둘째로, 상급이 있다는 견해입니다. 성경은 여러 곳에서 상급에 대해 말합니다. 이는 의심의 여지가 없습니다. 성경에서 상급을 믿는 것은 하나님을 기쁘시게 하는 믿음의 내용으로 제시된다고 보기 때문입니다. "믿음이 없이는 하나님을 기쁘시게 하지 못하나니 하나님께 나아가는 자는 반드시 그가 계신 것과 또한 그가 자기를 찾는 자들에게 상 주시는 이심을 믿어야 할지니라"(히 11:6).

바울은 자신이 하나님이 부르신 부름의 상을 위해 달려간다고 했습니다(빌 3:14). 하나님의 상급을 바라보고 달려가는 것도 믿음 때문이라고 하였습니다(고전 15:58). 또한 해의 영광이 다르고 달의 영광이 다르다고 하였으니, 이는 상급의 차이를 가리킵니다(고전 15:41).

상급은 세상과 천국 모두에서 주어집니다. 천국의 상급은 물질이 아닙니다. 영적이고 정신적인 것입니다. 상급 차이는 있을 것입니다. 그러나 많이 받은 사람 때문에 적게 받은 사람이 박탈감을 느끼지는 않을 것입니다. 모든 사람의 기쁨은 완전하고 충만할 것입니다.*

팔복의 사람은 세상이 악할수록 더욱 박해를 받을 것입니다. 왜냐하면 그의 마음이 세상과 너무나 다르기 때문입니다. 그의 내면에 이루어진 하나님의 통치가 세상에 이루어지기까지 그는 굴복하지 않습니다. 아니 굴복할 수 없습니다.

그는 믿습니다. 박해를 받으면 세상에서뿐만 아니라 천국에서도 상 받을 것을 말입니다. 믿음으로 핍박을 견디면 큰 상급을 주실 것입니다. 착하고 충성된 종으로 인정받을 것입니다.

> "그 주인이 이르되 잘하였도다 착하고 충성된 종아 네가 적은 일에 충성하였으매 내가 많은 것을 네게 맡기리니 네 주인의 즐거움에 참여할지어다 하고"(마 25:21).

---

* "천국의 복락에 등급이 있을 것이라는 사실은 분명하다(단 12:3, 고후 9:6). 우리의 선한 행실은 공로가 되지 못할지라도 우리가 받은 은혜로운 상급의 척도가 될 것이다. 그럼에도 불구하고 각 개인의 기쁨은 완전하고 충만할 것이다"(It is also evident from Scripture that there will be degrees in the bliss of heaven, Dan. 12:3; II Cor. 9:6. Our good works will be the measure of our gracious reward, though they do not merit it. Notwithstanding this, however, the joy of each individual will be perfect and full). Louis Berkhof, *Systematic Theology* (Grand Rapids: Wm. B. Eerdmans Publishing Company, 1996), 737.

성도의 참된 기쁨

모든 사람이 행복하길 원합니다. 인생사가 원하는 대로만 된다면 기뻐할 것입니다. 그러나 그 기쁨은 영원하지 않습니다. 그런 기쁨은 시간과 함께 사라집니다. 그 바라는 바가 참되고 영원하지 않기 때문입니다.

행복의 원천은 하나님이십니다(시 4:7). 하나님 안에서의 기쁨과 감동은 끝이 없습니다. 최고의 미덕은 하나님을 기뻐하는 것입니다. 기뻐하는 것이 사랑하는 것입니다. 기쁨과 소중히 여기는 것이야말로 사랑의 특성입니다.** 그래서 사랑하는 것만큼 기뻐할 수 있고, 기뻐하는 것만큼 사랑할 수 있습니다.

하나님을 기뻐하는 사람들은 그분의 이름을 높입니다. 경배와 찬양, 기도와 감사로 마음을 표현합니다. 그 마음으로 거룩한 삶을 살아갑니다. 하나님 예배하기를 즐거워하며, 그분 만나기를 기뻐합니다. 하나님을 아는 지식은 자라고, 그 지식 안에서 사랑은 견고해져 갑니다. 하나님 만나는 기쁨을 압니다. 그 기쁨으로 하나님의 뜻대로 살아갑니다.

** John Owen, "Gospel Charity," *Posthumous Sermons*, in *The Works of John Owen*, vol. 9, ed. William H. Goold (Edinburgh: The Banner of Truth Tust, 1990), 261.

바벨론의 침공으로, 이스라엘은 멸망당할 위기에 놓였습니다. 하박국 선지자는 괴로워하였습니다. 이스라엘 백성들이나 지배자들 모두 강포와 패역을 일삼았기 때문입니다(합 1:3).* 그런데 하나님은 침묵하셨습니다. 하박국은 호소하였습니다. "이러므로 율법이 해이하고 정의가 전혀 시행되지 못하오니 이는 악인이 의인을 에워쌌으므로 정의가 굽게 행하여짐이니이다"(합 1:4).

그는 영적 침체에 빠질 만큼 고민하였습니다. 그러나 번민 속에서 하나님을 깊이 만났습니다. 혼란에서 벗어났습니다. 오래된 진리를 새롭게 깨달았습니다.

"…의인은 그의 믿음으로 말미암아 살리라"(합 2:4).

---

* "어찌하여 내게 죄악을 보게 하시며 패역을 눈으로 보게 하시나이까 겁탈과 강포가 내 앞에 있고 변론과 분쟁이 일어났나이다"(합 1:3). 여기서 패역과 강포를 일삼는 자들이 누구인지를 두고 의견이 둘로 나뉘는데, 이는 하박국서의 저작 연대와 관련이 있다. (1) 앗수르인으로 보는 견해: 이는 하박국서의 저작 연대를 므낫세(BC 698-644 재위) 시대로 보는 입장(Keil, Young)과 요시야(BC 642-611 재위) 시대로 보는 입장(Delitzsch, Küper)으로 나뉜다. (2) 바벨론인으로 보는 견해: 이는 저작 연대를 요시야왕 후반기(BC 625-608)로 보는 견해(Ward)와 여호야김(BC 611-600) 시대로 보는 견해(Ewald, Lange, Unger)로 나뉜다. 이상근, 『구약성서 주해서: 소예언서』(대구: 성등사, 1993), 281-282. 그러나 변론과 분쟁이 일어났다는 것(합 1:3)과 율법이 해이하고 공의가 전혀 시행되지 못했다는 지적(합 1:4)은 그것이 적군의 침략 때문에 일어났다는 것이 아니라 정권의 불의와 부정을 가리키는 것이라고 해석하기도 한다. 김희보, 『舊約 하박국-스바냐 註解』(서울: 총신대학출판부, 1993), 33.

마음에 기쁨이 솟구쳤습니다. 비록 외적의 침략으로 나라가 망할지라도 그는 기뻐할 수 있었습니다. 하나님이 역사를 다스리고 계심을 깨달았기 때문입니다. 심판을 받아 이스라엘이 망한다고 할지라도 거기 계시는 하나님 때문에 즐거워하고 기뻐하리라고 노래할 수 있었습니다.

"비록 무화과나무가 무성하지 못하며 포도나무에 열매가 없으며 감람나무에 소출이 없으며 밭에 먹을 것이 없으며 우리에 양이 없으며 외양간에 소가 없을지라도 나는 여호와로 말미암아 즐거워하며 나의 구원의 하나님으로 말미암아 기뻐하리로다"(합 3:17-18).

꽃길만 걷는 팔복의 사람은 없습니다. 꽃길만 걸었다면 그는 심령이 가난하지 않았을 것입니다. 애통하지도 않았을 것입니다. 그는 믿음의 조상들이 그러했듯이 시련의 가시밭길을 걷고 고난의 골짜기를 지나갑니다(시 23:4). 그럼에도 불구하고 그는 행복하게 살았다고 고백할 수 있습니다. 하나님을 만나는 기쁨이 있기 때문입니다. "그러나 내가 가는 길을 그가 아시나니 그가 나를 단련하신 후에는 내가 순금같이 되어 나오리라"(욥 23:10).

기쁨의 삶을 살고 있습니까? 돈이 많아서 행복한 것은 세상 사람들에게도 가능한 것입니다. 지위가 높아서 행복하다고 느끼는 것은 세상 사람도 할 수 있는 것입니다.

그러나 팔복의 사람은 박해를 받을 때 기뻐합니다. 복음 때문에 핍박받을 때 하나님이 그와 함께하시기 때문입니다.

하나님 때문에 기뻐하십시오(살전 5:16). 그 기쁨은 박해하는 자들을 허무하게 만들고, 우리가 하늘에 속한 사람임을 알게 할 것입니다.

맺는말

불행한 삶을 좋아하는 이는 없습니다. 모두 행복한 삶을 원합니다. 그러나 실제로 행복하게 사는 사람은 소수입니다. 좋아하면서 의미 없게 사는 것도 싫으면서 의미 있게 사는 것도 모두 행복한 삶은 아닙니다. 더욱이 하나님 때문에 기쁨의 삶을 사는 사람들은 얼마나 소수입니까?

팔복의 사람은 박해받을 때 기뻐합니다. 그 기쁨으로 덕스럽게 살아갑니다. 하나님을 사랑하고 이웃을 섬깁니다.

기쁨의 원천은 하나님이십니다. 핍박받음으로써, 우리가 세상에 살지만 하늘나라에 속한 사람임을 증명합니다. 그 소망으로 기쁨의 삶을 살아가야 합니다.

우리의 삶의 비전을 박해가 가로막을 수 없습니다. 살아서는 에녹같이 하나님과 동행하고, 죽어서는 아벨같이 피로 호소하는 사람이 되어야 합니다(창 4:10, 5:24).

팔복의 사람 되게 하시려고 그리스도께서 세상에 오셨습니다. 그 사람을 보여주시며, 그 사람으로 친히 사시고, 죽으셨습니다. 그리스도는 십자가에 못 박히신 팔복의 사람이었습니다. 땅에 계시면서 하늘나라를 위해 사셨습니다.

세상에 너무 많은 소망을 두지 마십시오. 팔복의 사람으로 박해받으십시오. 그리스도가 그 길을 가셨으니, 핍박받는 우리를 위해 빌어주실 것입니다. 고통을 능가하는 기쁨을 주실 것입니다. 부디 팔복의 사람으로 사소서!

기뻐하는 사람들

한·눈·에·보·는·10장

I. 들어가는 말

팔복의 원형은 그리스도시다.
그리스도를 닮아 갈수록 팔복의 사람이 된다.

II. 예수 닮음과 고난

세상은 진리를 싫어한다. 그래서 예수님을 박해하였다.
그러니 그분을 따르는 신자들도 박해할 것이다.
"나로 말미암아 너희를 욕하고 박해하고 거짓으로 너희를 거슬러 모든 악한 말을 할 때에는 …"(마 5:11).
세상의 박해는 정당하지 않다. 거짓으로 이루어진다.
또한 세상은 신자에게 악한 말을 할 것이다.
이는 세상이 하나님 질서에 악의를 품고 있기 때문이다.
그래서 선지자들도 박해하였다.
"…너희 전에 있던 선지자들도 이같이 박해하였느니라"(마 5:12).

III. 천국의 상급

박해를 받을 때 기뻐하라고 한다. 하늘의 상 때문이다.

"기뻐하고 즐거워하라 하늘에서 너희의 상이 큼이라…"(마 5:12)

신자는 기쁨의 삶을 살아야 한다.

성경은 기쁨의 이유를 하늘에서 찾으라고 한다.

하늘에서 누릴 상급을 생각하라는 것이다.

하늘 상급과 관련해서는 두 가지 견해가 있다.

첫째로, 상급이 없다는 견해다.

상급이라는 사상 자체가 공로 사상에서 나왔다는 것이다.

천국은 기쁨과 만족의 나라이기에 차별적인 상이 없다는 것이다.

둘째로, 상급이 있다는 견해다.

성경은 상급을 믿음의 내용으로 제시한다.

상급은 세상과 천국 모두에서 주어질 것이다.

천국의 상급은 물질적인 것이 아닐 것이다.

영적이고 정신적인 것일 것이다.

하나님은 당신을 위해 산 자에게 상을 베푸실 것이다.

IV. 맺는말

최고의 미덕은 하나님을 기뻐하는 것이다.

그 기쁨은 박해하는 자들을 허무하게 만들 것이다.

그리고 우리가 하늘에 속한 사람임을 보여줄 것이다.

에필로그

저녁놀팔당호수엔잔물결조차없다
바람한점없는하늘온통푸른빛이다
줄지어선나무들이겨울을기다린다
새들날아오른가지나뭇잎떨어진다

시도때도없이큰파도가나를덮친다
허무하고소외받은느낌은늘낯설다
무얼가져도어떤걸해도없앨수없다
날에워싼모든것은사라질것들이다
나도사라져갈존재로울고웃고있다
둘이겹친비애에내마음야위어간다
행복하고자할때는그리될길모른다

행복한때에는어찌그리된줄모른다
참으로사람되기까지행복하지않다
그러니행복은참사람되는과정이다
예수그리스도친히당신닮게하셨다

죽을때마지막유산은나의영혼이다
부귀영화와명예는내안엣것아니다
영혼과그안에있는사랑이내것이다
예수닮은것만큼행복하게살수있다
몸부림치며살아온흔적은인격이다
남위해서아니라자신위해그를닮자

호수에바람부니잔물결달음질한다
큰물결일지라도호수는그대로있다
바람도물결도겪지만나는항상나다
물처럼산처럼모든것을겪으며있다

누군가사랑하면그를닮는다고한다
그리스도밖에사랑할이어디있는가
예수닮음이그를사랑한증거이리라
그러면예수의무엇을닮는단말인가
들레지않고안온하며두려움없었다

하루를살아도나도그렇게살고싶다
외딴자연속에홀로그리살지않는다
나쁘고좋은사람들과그리살고싶다
사랑은폭풍처럼거세도다지나간다
그래도사람으로사는것은계속된다
거울앞에서그분모습에내얼굴본다
하루라도그분닮은인격으로살리라

앙상한가지에찬란한햇살눈부시다
아직내게살아갈희망이있는증거다

참고 문헌

성경 주석 & 사전류

Bauer, Walter. & Danker, Frederick W. & Arndt, William F. & Gingrich, F. Wilbur. eds. *A Greek-English Lexicon of the New Testament and Other Early Christian Literature*, 3rd ed. (Chicago: University of Chicago Press, 2000).

Betz, Hans Dieter. *Hermeneia: The Sermon of the Mount* (Minneapolis: Fortress Press, 1995).

Blomberg, Craig L. *Matthew*, in *The New American Commentary*, vol. 22 (Nashville: Broadman Press, 1992).

Brown, Francis. & Driver, Samuel Rolles. & Briggs, Charles Augustus. *The Brown-Driver-Briggs Hebrew and English Lexicon* (Peabody: Hendrickson Publishers, 2003).

Elwell, Walter A. ed. *Evangelical Dictionary of Theology* (Grand Rapids: Baker Book House, 1984).

Encyclopaedia Britannica. ed. "Pax Romana," in *The New Encyclopaedia Britannica, Micropaedia: Ready Reference and Index*, vol. 7 (Chicago: Encyclopaedia Britannica, 1977).

France, R. T. *The Gospel of Matthew*, in *The New International Commentary on the New Testament* (Grand Rapids: Wm. B. Eerdmans Publishing Company, 2007).

Gesenius, Wilhelm. *Gesenius' Hebrew and Chaldee Lexicon to the Old Testament Scriptures*, trans. Samuel Prideaux Tregelles (Grand Rapids: Baker Book House, 1984).

Hagner, Donald A. *Matthew 1–13*, in *Word Biblical Commentary*, vol. 33A (Dallas: Word Books Publisher, 1993).

Harrington, Daniel J. *The Gospel of Matthew*, in *Sacra Pagina*, vol. 1 (Collegeville: Liturgical Press, 1991).

Hauerwas, Stanley. *Matthew*, in *Brazos Theological Commentary on the Bible* (Grand Rapids: Brazos Press, 2006).

Hendriksen, William. *New Testament Commentary: Exposition of the Gospel According to Matthew* (Grand Rapids: Baker Book House, 2004).

Kittel, Gerhard. & Bromiley, Geoffrey W. eds. *Theological Dictionary of the New Testament*, vol. 3 (Grand Rapids: Wm. B. Eerdmans Publishing Company, 1974).

Koehler, Ludwig. & Baumgartner, Walter. *The Hebrew and Aramaic Lexicon of the Old Testament*, vol. 1(א–ע), trans. M. E. J. Richardson (Leiden: Brill, 2001).

_____. *The Hebrew and Aramaic Lexicon of the Old Testament*, vol. 2(פ–ת), trans. M. E. J. Richardson (Leiden: Brill, 2001).

Lenski, Richard C. H. *The Interpretation of St. Matthew's Gospel* (Minneapolis: Augsburg Publishing House, 1964).

Liddell, H. G. & Scott, R. eds. *A Greek-English Lexicon* (Oxford: Clarendon Press, 1996).

Mare, W. Harold. "Zion," in *The Anchor Bible Dictionary*, vol. 6(Si-Z), ed. David Noel Freedman (New York: Doubleday, 1992).

Poole, Matthew. *A Commentary on the Holy Bible*, vol. 3 (Edinburgh: The Banner of Truth Trust, 1990).

Thayer, Joseph H. *A Greek-English Lexicon of the New Testament* (Grand Rapids: Baker Book House, 1977).

고려대학교 민족문화연구원 국어사전편찬실 편. 『고려대 한국어대사전(ㄱ-ㅁ)』 (서울: 고려대학교 민족문화연구원, 2011).

_____. 『고려대 한국어대사전(ㅂ-ㅇ)』 (서울: 고려대학교 민족문화연구원, 2011).

국어국문학회. 『국어대사전』 (서울: 민중서관, 2001).

김희보. 『舊約 하박국-스바냐 註解』 (서울: 총신대학출판부, 1993).

두산동아 백과사전연구소 편. "문화대혁명", 『두산세계대백과사전 10』 (서울: 두산동아, 1996).

이상근. 『구약성서 주해서: 소예언서』 (대구: 성등사, 1993).

국외 단행본

Augustinus, Aurelius. *Confessiones*, in *Corpus Christianorum Series Latina*, vol. 27 (Turnholti: Brepols, 1996).

_____. *De Civitate Dei*, in *Corpus Christianorum Series Latina*, vol. 48 (Turnholti: Brepols, 1955).

_____. *De Doctrina Christiana*, in *Corpus Christianorum Series Latina*, vol. 32 (Turnholti: Brepols, 1996).

_____. *De Trinitate*, in *Corpus Christianorum Series Latina*, vol. 50A (Turnholti: Brepols, 1968).

Berkhof, Louis. *Systematic Theology* (Grand Rapids: Wm. B. Eerdmans Publishing Company, 1996).

Bucer, Martin. *Common Places of Martin Bucer*, trans. & ed. D. F. Wright (Appleford: Sutton Courtenay Press, 1972).

Carter, Warren. *What Are They Saying about Matthew's Sermon on the Mount?* (New York: Paulist Press, 1994).

Edwards, Jonathan. *A Charity and Its Fruits*, in *The Works of Jonathan Edwards*, vol. 8, ed. Paul Ramsey (New Haven: Yale University Press, 1987).

_____. *A History of the Work of Redemption*, in *The Works of Jonathan Edwards*, vol. 9, ed. John F. Wilson (New Haven: Yale University Press, 1989).

_____. "The Importance and Advantage of a Thorough Knowledge of Divine Truth," in *The Works of Jonathan Edwards*, vol. 22, ed. Harry S. Stout (New Haven: Yale University Press, 2003).

_____. *The Nature of True Virtue*, in *The Works of Jonathan Edwards*, vol. 8, ed. Paul Ramsey (New Haven: Yale University Press, 1987).

Hieronymus. *Commentariorum in Matheum Libri IV*, in *Corpus Christianorum Series Latina*, vol. 77 (Turnholti: Brepols, 1969).

Hughes, R. Kent. *The Sermon on the Mount: The Message of the Kingdom* (Wheaton: Crossway, 2001).

Jeremias, Joachim. *The Sermon on the Mount* (Philadelphia: Fortress, 1963).

Martens, Elmer A. *God's Design: A Focus on Old Testament Theology* (Grand Rapids: Baker Book House, 1994).

Origen. *Homiliae in Lucam 38*, in *Patrologia Graeca, Cursus Completus*, vol. 13, ed. J. P. Migne (Paris: Excudebatur et venit apud J. P. Migne, 1862).

Owen, John. *A Treatise of the Dominion of Sin and Grace*, in *The Works of John Owen*, vol. 7, ed. William H. Goold (Edinburgh: The Banner of Truth Trust, 1988).

_____. *An Exposition of the Epistle to the Hebrews*, vol. 4, in *The Works of John Owen*, vol. 20, ed. William H. Goold (Edinburgh: The Banner of Truth Trust, 1991).

_____. *Biblical Theology* (Morgan: Soli Deo Gloria Publications, 1996).

_____. "Gospel Charity," *Posthumous Sermons*, in *The Works of John Owen*, vol. 9, ed. William H. Goold (Edinburgh: The Banner of Truth Tust, 1990).

_____. *Indwelling Sin in Believers*, in *The Works of John Owen*, vol. 6, ed. William H. Goold (Edinburgh: The Banner of Truth Trust, 1991).

_____. *Of Communion with God the Father, Son, and Holy Ghost*, in *The Works of John Owen*, vol. 2, ed. William H. Goold (Edinburgh: The Banner of Truth Trust, 1990).

_____. *Of the Mortification of Sin in Believers*, in *The Works of John Owen*, vol. 6, ed. William H. Goold (Edinburgh: The Banner of Truth Trust, 1991).

_____. *The Reason of Faith*, in *The Works of John Owen*, vol. 4, ed. William H. Goold (Edinburgh: The Banner of Truth Trust, 1988).

Turretin, Francis. *Institutes of Elenctic Theology*, vol. 1, trans. George Musgrave Giger (Phillipsburg: P&R Publishing Company, 1992).

국내 단행본

김남준. 『가상칠언』 (서울: 생명의말씀사, 2012).

_____. 『교사 리바이벌』 (서울: 생명의말씀사, 2018).

_____. 『교회와 하나님의 사랑』 (서울: 익투스, 2019).

_____. 『구원과 하나님의 계획』 (서울: 부흥과개혁사, 2009).

_____. 『그리스도인이 빛으로 산다는 것』 (서울: 생명의말씀사, 2012).

_____. 『깊이 읽는 주기도문』 (서울: 생명의말씀사, 2013).

_____. 『마음지킴』 (서울: 생명의말씀사, 2012).

_____. 『바랄 수 없는 날의 믿음』 (서울: 두란노, 2014).

_____. 『설교자는 불꽃처럼 타올라야 한다』 (서울: 생명의말씀사, 2009).

_____. 『신학공부, 나는 이렇게 해왔다 1』 (서울: 생명의말씀사, 2016).

_____. 『아무도 사랑하고 싶지 않던 밤』 (파주: 김영사, 2020).

_____. 『염려에 관하여』 (서울: 생명의말씀사, 2020).

_____. 『인간과 잘 사는 것』 (서울: 생명의말씀사, 2015).

_____. 『자기 깨어짐』 (서울: 생명의말씀사, 2019).

_____. 『죄와 은혜의 지배』 (서울: 생명의말씀사, 2005).

_____. 『하나님의 깊은 사랑을 경험하라』 (서울: 생명의말씀사, 2012).

에리히 프롬. 『소유냐 삶이냐』. 이철범 역 (서울: 동서문화사, 2011).

유의경. 『세설신어(世說新語) 4』. 임동석 역주 (서울: 동서문화사, 2011).

성구 색인

구약 성경

창 1:1   99
창 1:22   35
창 1:26   113, 196, 198
창 1:27-28   34
창 2:1   99
창 2:4   99
창 2:7   14, 99
창 2:17   112, 113
창 2:23   195
창 3:12   197
창 3:17-18   19
창 3:21   117
창 4:4   117
창 4:8   147, 196
창 4:10   262
창 4:14   147
창 4:17   147, 196
창 4:19   147
창 4:23   147

창 4:23-24   196
창 4:24   150
창 5:24   262
창 6:8   114
창 6:9   114
창 9:19   99
창 9:21-25   114
창 11:1   99
창 13:14-17   94
창 19:31   99
창 20:18   141
창 30:27   35
창 37:9   91
창 39:2   91
창 39:3   91
창 39:5   35
창 39:6   91
창 39:20   91
창 39:21   91

창 39:23   91
창 41:38   247
창 43:14   141
창 50:19-21   91

출 2:14   85
출 3:1-5   172
출 3:8   99
출 14:31   41
출 16:35   85
출 19:16   172
출 20:20   41
출 23:8   114
출 30:20   168
출 32:1   23
출 32:6   23
출 33:3   24
출 33:4   24
출 33:7   24

출 33:20   171
출 34:32   13

레 4:14-20   117
레 7:14   168
레 13:17   164
레 18:25   98
레 18:27   99
레 18:28   99
레 19:14   41
레 23:43   98
레 25:2   95
레 25:17   41
레 26:2   41

민 3:12   141
민 12:3   86
민 16:14   94
민 36:2-3   94

성구 색인   279

신 4:29 25, 165	대하 7:14 100
신 6:5 112	대하 19:9 41
신 6:13 41	
신 15:2 98	스 10:1 60
신 16:11 98	
신 16:14 98	느 10:31 113
신 25:19 95	
	욥 1:6 205
수 4:24 41	욥 14:4 164
수 18:10 95	욥 22:21 201
수 19:1 95	욥 23:10 261
삼상 18:7 63	시 1:1 35
	시 1:1-2 36
삼하 7:14 206	시 2:12 35
삼하 7:16 194	시 4:6 179
삼하 8:6 63	시 4:7 259
삼하 8:14 63	시 6:3-4 63
삼하 11:4 62	시 6:6-7 62
삼하 11:17 62	시 9:11 205
	시 10:4 244
왕상 2:44 165	시 11:7 170
왕상 2:45 194	시 12:6 181
왕상 3:26 141	시 12:7 164
	시 17:15 127, 170, 179
왕하 22:19 88	시 18:1 73
	시 19:1-4 176

시 19:10 164	시 119:142 117
시 21:1 47	시 125:1 205
시 23:4 261	시 143:2 178
시 30:7 222	
시 31:19 249	전 1:8 131
시 32:1 115	
시 33:21 47	아 2:4 189
시 34:8 70	아 8:6 25
시 37:6 127	
시 40:1 57	사 1:11-15 251
시 40:17 41	사 5:7 251
시 42:11 89	사 6:5 59
시 43:5 89	사 26:18 99
시 44:3 179	사 40:31 152
시 50:2 205	사 53:7 87
시 51:7 170	사 59:2 58, 205
시 51:16 62	사 59:20 205
시 57:10 63	사 63:7 141
시 67:1-2 180	사 63:16 205
시 69:4 248	사 66:8 99
시 73:28 36, 179	
시 77:2 50	렘 12:4 191
시 89:27 206	렘 17:9 165, 168
시 90:10 58	렘 2:13 143
시 94:17 41	
시 119:50 130	애 1:2 61
시 119:136 68	애 1:12 61

애 1:16　61
애 4:2　204

겔 14:6　165

단 12:3　210, 258

호 11:8　25

암 5:24　118, 129
암 8:11　131

미 4:7　205
미 6:7　62
미 6:8　62

합 1:3　260
합 1:4　260
합 2:4　260
합 2:14　173
합 3:17-18　261

습 3:17　49

신약 성경

마 1:19　147
마 3:13-17　13
마 4:18-22　13
마 4:23　13
마 4:24-25　14
마 5:1　18
마 5:2　20
마 5:3-7:27　20
마 5:3　34, 35, 37, 47, 231
마 5:4　59, 69
마 5:5　84, 94
마 5:6　110, 111, 125
마 5:7　141, 151
마 5:8　163, 171
마 5:9　190, 193, 204, 210
마 5:10　221, 231
마 5:11　246, 247
마 5:11-12　243
마 5:12　244, 250, 253, 256
마 5:13　235
마 5:13-14　93, 235
마 5:45　114
마 6:9-10　68, 128
마 6:10　64
마 6:11　14

마 6:21　25	마 28:20　234
마 6:24　25	
마 6:33　101, 123, 130, 227	막 1:15　41
마 7:28-29　21, 23	막 7:8　165
마 8:1　22	막 12:30　166
마 8:20　100	막 12:42　38
마 9:15　59	막 16:7　18
마 9:36　18, 142	
마 10:28　236	눅 1:22　18
마 11:29　90, 92	눅 2:14　198
마 12:18　232	눅 2:44-47　21
마 14:3-4　224	눅 2:52　21
마 14:8　225	눅 6:17　15, 22
마 15:22　44	눅 7:47　169
마 15:26　44	눅 9:23-24　224
마 15:27　44	눅 10:27　112
마 15:28　44	눅 11:4　145
마 15:22-28　41	눅 13:32　92
마 18:30　145	눅 15:31　73
마 18:33　145	눅 19:41　64
마 21:33-40　252	눅 23:34　93
마 22:37-40　90	눅 23:46　87
마 23:35　251	눅 24:23　18
마 25:21　258	
마 26:39　87	요 2:14-16　92
마 27:19　111	요 3:16　65, 206
마 28:7　18	요 3:19-20　246

요 4:21　41	행 4:28　128
요 4:32　109	행 5:40-41　256
요 4:34　109	행 5:41　227
요 5:20　154	행 7:30　85
요 8:3-11　140	행 7:36　85
요 8:4-5　144	행 7:59-60　92
요 8:7　144	행 8:1　246
요 8:11　141, 144	행 9:31　70
요 8:29　234	행 17:23　176
요 8:40　245	행 20:9-10　71
요 10:10　20	
요 10:17　154	롬 1:2　168
요 11:35　64, 65	롬 1:4　118
요 11:40　18	롬 1:14　90
요 12:24　199	롬 1:18　129
요 14:6　21	롬 1:20　173
요 14:11　41	롬 1:21　176
요 14:16　70	롬 2:14-16　112
요 14:21　170	롬 3:10　114
요 14:26　70	롬 3:21　111, 117, 118
요 15:1-3　169	롬 3:21-22　114
요 15:2　167	롬 3:22　118
요 15:26　70	롬 3:25　117, 192
요 16:7　70	롬 3:20　114
요 17:16　207	롬 3:30　118
요 21:19　26	롬 4:5　192
	롬 5:1　191, 199

롬 5:8   155
롬 5:10   20, 191
롬 7:21-24   119
롬 7:23   222
롬 8:7   126
롬 8:9   246
롬 8:14   246
롬 8:14-17   206
롬 8:21   47
롬 8:21-22   201
롬 8:22   219
롬 9:16   152
롬 11:36   36
롬 12:2   123
롬 12:18   191, 201

고전 1:22   200
고전 1:23   200
고전 2:3   71
고전 5:2   59
고전 11:1   226
고전 13:12   178
고전 15:41   257
고전 15:58   257

고후 1:3-5   71
고후 1:4   69

고후 1:8   71
고후 4:4   179
고후 4:6   179
고후 5:14   151
고후 5:17   210, 243
고후 5:18   20, 201
고후 5:18-19   199
고후 5:19   192, 201
고후 5:21   117, 118
고후 6:10   38
고후 7:6   69
고후 8:9   38
고후 9:6   258
고후 11:24-27   227
고후 12:21   60

갈 2:20   93, 129
갈 2:21   111
갈 3:7   205
갈 3:28   200
갈 4:1-7   206
갈 4:9   38
갈 5:18   246
갈 5:23   83

엡 1:10   126
엡 1:13-14   48

엡 2:1   87
엡 2:2   87
엡 2:8   118
엡 2:16   198
엡 5:26   169
엡 6:12   232

빌 3:8   75, 226
빌 3:10-11   226
빌 3:14   257

골 1:1   128
골 1:12   94
골 1:20   191
골 1:21   196
골 2:14-15   123

살전 5:6   230
살전 5:16   262
살전 5:18   128

살후 1:9   179

딤전 1:15   90

딤후 4:2   119, 219

딛 3:5   146

히 4:16   168, 181
히 5:7   64, 87
히 5:8-9   86
히 7:2   111
히 9:12   117
히 9:14   168
히 10:14   118
히 11:4   114
히 11:6   257
히 11:8-10   94
히 11:16   227
히 11:3   111
히 11:36-37   251
히 11:36-38   225
히 12:22   205

약 1:17   227
약 1:20   208

벧전 1:2   119
벧전 2:20   220
벧전 3:7   179
벧전 3:12   178, 179
벧전 3:14   111

벧후 1:1   118
벧후 1:4   207, 210
벧후 2:7   131
벧후 3:3   197
벧후 3:9   101
벧후 3:16-18   178

요일 2:2   200
요일 2:15   131
요일 3:2   18
요일 3:8   126

요일 4:3   246
요일 4:10   211
요일 4:16   154
요일 4:18   92

계 2:26   129
계 5:4   22
계 12:5   129
계 21:4   71
계 22:4   18

주제별 색인

ㄱ

가나안 23, 24, 94, 95, 98, 101
가난한 마음 40, 41, 44, 45, 46
가인 147, 150, 196
가정 147, 198, 199
갈증 109
감화 21, 100, 101, 102, 169
강팍 152
거룩하심(거룩함) 59, 115, 173
거룩한 삶 38, 259
거리감 192
거짓 168, 227, 247, 248
겸비 86, 88
겸손 62, 85, 90, 92, 208, 209, 245
경외 41, 165, 251, 253
경향성 119, 167
고난 64, 72, 88, 89, 91, 130, 152, 180, 221, 223, 224, 226, 233, 234, 243, 245, 246, 249, 256, 261

고통 19, 33, 41, 46, 47, 50, 58, 61, 65, 71, 72, 131, 141, 142, 143, 153, 180, 201, 219, 220, 222, 232, 263
교제 72, 117, 179, 195
교통 154, 166, 246
교회 45, 49, 59, 63, 64, 71, 72, 73, 74, 75, 76, 126, 128, 167, 198, 199, 200, 220, 223, 226
궁휼 25, 139, 140, 141, 142, 143, 144, 145, 146, 147, 150, 151, 152, 153, 154, 155, 189, 230
기쁨 46, 47, 48, 49, 64, 74, 102, 127, 128, 208, 232, 235, 253, 256, 257, 258, 261, 262, 263
기업 93, 94, 95, 98, 99, 101, 111
까리따스 90

ㄷ

다윗 41, 62, 194, 206
대가(代價) 117, 151
대적 95, 154, 191, 197, 247, 248
덕 111, 114, 117, 118
도덕 12, 112, 164, 177, 220
동기 90, 112, 142, 166, 167
동행 91, 115, 262
땅 47, 68, 93, 94, 95, 98, 99, 100, 101, 113, 128, 191, 196, 205, 256

ㄹ

라멕 147, 150, 196
렌스키 39

ㅁ

마르틴 부처 151
만족 13, 23, 46, 50, 83, 110, 122, 124, 125, 126, 127, 129, 130, 131, 167, 190, 191, 222, 257
모세 13, 22, 23, 24, 85, 86, 144, 171, 172, 250
모욕 44, 155, 208, 236, 247, 256
모함 248
모형적 아름다움 177
목마름 50, 109, 124, 125
무골호인 92
미덕 259
믿음 41, 44, 89, 118, 131, 151, 192, 220, 223, 234, 236, 237, 257, 258, 261

ㅂ

바리새인 140, 245
바벨론 260
바울 60, 71, 226, 227, 257
박해 220, 221, 223, 224, 225, 227, 230, 231, 232, 233, 234, 235, 236, 243, 245, 244, 246, 247, 248, 249, 250, 251, 252, 253, 256, 258, 262, 263
반감 191
발산적 영광 172
밧세바 62
배고픔 109, 124, 125
배부름 125, 129
베라가 35
병 고침 13, 23
보좌 45, 50, 168, 181
보혈 168, 181
복음 13, 63, 65, 100, 101, 111, 119, 130, 200, 201, 210, 219
복음적 의 110
본성 65, 84, 85, 114
본향 227
부패 93, 122, 165, 166, 168
부합 111, 113, 115, 221
부활 123, 226, 246

부활의 권능 226
불결 59, 164, 165, 169, 170, 181, 245, 250
불의 46, 92, 113, 115, 117, 119, 122, 123, 128, 129, 131, 139, 146, 224, 225, 231, 233 250
불행 19, 25, 33, 36, 68, 142, 155, 230, 249, 262
비참 38, 41, 47, 60, 86, 141, 142, 143, 144, 146, 153, 154, 155, 156

ㅅ

사람됨 33, 34, 62, 83, 209
사망 63, 71, 196
사회 113, 119, 122, 167, 177, 198, 200, 221
산상수훈 12, 13, 15, 20, 22
삼위일체 70, 116, 154, 195
상급 249, 253, 256, 257, 258
새 본성 88
선지자 62, 117, 168, 225, 249, 250, 251, 252, 260
선하심 89, 140
섭리 35, 88, 91, 227

성령 38, 48, 70, 83, 88, 93, 146, 166,
　　168, 169, 173, 207, 221, 222, 246
성령의 열매 83, 88
성령 충만 92, 256
성소 41, 177
성품 70, 84, 85, 86, 87, 88, 90, 102,
　　109, 110, 141, 147, 150, 166, 173,
　　176, 178, 207, 210, 221, 245
성화 86, 166, 167
세례 요한 224, 225
소금 93, 235
소원(疏遠) 191
소유 33, 34, 47, 50, 83, 102, 110, 163,
　　171, 204, 205
소작료 252
속성 178
속성적 의 110
속죄 168
수로보니게 여인 41
순결 86, 169, 181, 189
순종 24, 64, 85, 86, 119
쉼 88, 95, 167
스데반 92
시온 204, 205
신령한 은혜 84, 88, 118, 169, 233,
　　235, 236
신령한 행복 35

신성의 흔적 173
심령 34, 35, 37, 38, 39, 40, 41, 45,
　　46, 47, 48, 49, 50, 57, 58, 61, 65,
　　88, 95, 164, 171, 230, 231, 232, 261
십자가 20, 45, 65, 72, 75, 87, 92, 118,
　　123, 146, 167, 168, 181, 191, 195,
　　200, 233, 246, 249, 252, 263

ㅇ

아가페 90
아름다움 45, 151, 176, 177, 181
아벨 196, 251, 262
아우구스티누스 116, 170
악의 247, 248, 249
애이불비 144
애통 34, 58, 59, 60, 61, 62, 63, 64,
　　68, 69, 70, 71, 72, 73, 74, 75, 76,
　　83, 88, 119, 122, 129, 171, 230,
　　231, 261
약속 94, 95, 98, 112, 146, 168, 171,
　　194, 207, 234
언약 22, 99, 146, 204
에녹 147, 196, 262
에녹 성 196
에쉐르 35, 36

에이미 카마이클 74
역사성 233
열망 22, 109, 129
염려 152, 180
영광 63, 122, 126, 127, 172, 173, 176, 178, 210, 234, 257
영원 전 154, 155
영원한 사랑 154
영적 생명 15
영적인 복 35
영혼의 생명 14, 20, 26, 196
영혼의 자원 15
예레미야 61, 204
예루살렘 13, 61, 194, 204, 205
옛 본성 88
오리게네스 86
온유 83, 84, 85, 86, 87, 88, 89, 90, 91, 92, 93, 99, 100, 101, 102, 230
욕망 15, 33, 110, 119, 124, 189, 198, 221, 222
우유부단 84, 89
원천적 아름다움 177
위로 69, 70, 71, 73, 74, 75, 83, 91, 128, 129, 163, 171, 180, 223, 232
유대교 164
유순 84
육체적 자원 15

율법 12, 13, 22, 23, 110, 111, 112, 113, 114, 115, 117, 123, 144,164, 165, 250
율법적 의 110
은총 111, 114, 115, 117, 124
은혜의 샘 166
의존 44, 45
인격 12, 21, 37, 38, 83, 84, 85, 86, 88, 92, 93, 102, 171, 190, 193, 207, 245, 253
인자 62, 89
임재 171, 172, 173

ㅈ

자비 12, 89, 140, 141, 150, 151
자연 만물 111, 113, 122, 173, 191, 195, 219
저주 146, 196
적의 191, 196
절대 의존 45
절망 60, 61, 89, 152
정복 94, 100, 101, 102, 163, 193
정욕 131, 169

정의 62, 98, 111, 116, 118, 123, 130, 139, 140, 146, 147, 167, 233, 234, 236, 251
제사 62, 117, 164, 168, 179, 250, 251
제사장 168, 250
존귀 155
존 오웬 65
종교 지도자 143, 245
종말 12, 47, 48, 49, 126, 256
종말론적 만족 126
죄의 본성 169
주기도문 128
즐거움 256
지순애 90
지혜 21, 45, 111, 116, 144, 210
진리 14, 20, 21, 26, 92, 101, 123, 129, 181, 200, 222, 245, 246, 248, 252, 260
질서 47, 90, 98, 112, 123, 147, 166, 167, 170, 177, 189, 190, 192, 194, 196, 206, 209, 211, 220, 222, 223, 233, 243, 249

ㅊ

참된 사람 12

참사람 12, 83, 102
창조의 목적 12
창조주 176
천국 47, 48, 49, 50, 73, 147, 163, 171, 178, 200, 206, 223, 231, 232, 253, 257, 258
천국 백성 13, 20, 171
(천국의) 미래적 측면 47, 232
(천국의) 현재적 측면 47, 48, 232, 233
천상 자원 14
청결 163, 164, 165, 166, 167, 168, 169, 170, 171, 173, 176, 177, 178, 180, 181, 182, 189, 231
청결한 마음 166, 167, 181, 182, 189
초월성 233
친절 40, 83, 90, 109

ㅌ

타락 110, 111, 114, 126, 140, 198, 251
통곡 61, 63, 64, 65, 68, 73, 75, 88, 226
통치 38, 47, 63, 64, 66, 98, 123, 127, 194, 206, 232, 233, 243, 250

ㅍ

파산 선고 40, 45, 50
팔복의 사람 34, 86, 123, 209, 236,
    245, 246, 249, 252, 253, 261, 262,
    263
평안 88, 191
포도원 251, 252
포악 88, 102, 147, 150
풍성한 삶 20
핍박 221, 223, 224, 231, 234, 235,
    249, 250, 258, 262, 263

ㅎ

하나님의 뜻 22, 89, 111, 113, 122,
    128, 113, 221, 250, 259

하나님의 아들 21, 118, 190, 204, 205,
    206, 207, 211
하나님의 아름다움 176, 177
하나님의 얼굴 163, 170, 178, 179, 181
하늘나라 163, 223, 233, 235, 262, 263
하늘 자원 20, 58, 118, 199
하박국 260
현재적 만족 127
화목 20, 23, 58, 83, 117, 168, 190,
    191, 192, 196, 197, 199, 200, 201,
    207, 211, 219
화목제 23, 168
화평 190, 191, 193, 195, 198, 201,
회막 24, 168
회심 11, 40, 75, 76, 127, 130, 166,
    167
희망 25, 41, 44, 61, 89, 151, 152, 155
히에로니무스 59

사명선언문

너희가 흠이 없고 순전하여……세상에서 그들 가운데 빛들로
나타내며 생명의 말씀을 밝혀 _ 빌 2:15-16

1. 생명을 담겠습니다
만드는 책에 주님 주신 생명을 담겠습니다.
그 책으로 복음을 선포하겠습니다.

2. 말씀을 밝히겠습니다
생명의 근본은 말씀입니다.
말씀을 밝혀 성도와 교회의 성장을 돕겠습니다.

3. 빛이 되겠습니다
시대와 영혼의 어두움을 밝혀 주님 앞으로 이끄는
빛이 되는 책을 만들겠습니다.

4. 순전히 행하겠습니다
책을 만들고 전하는 일과 경영하는 일에 부끄러움이 없는
정직함으로 행하겠습니다.

5. 끝까지 전파하겠습니다
모든 사람에게, 땅 끝까지, 주님 오시는 그날까지
복음을 전하는 사명을 다하겠습니다.

서점 안내

광화문점 서울시 종로구 새문안로 69 구세군회관 1층
02)737-2288 / 02)737-4623(F)

강남점 서울시 서초구 신반포로 177 반포쇼핑타운 3동 2층
02)595-1211 / 02)595-3549(F)

구로점 서울시 동작구 시흥대로 602, 3층 302호
02)858-8744 / 02)838-0653(F)

노원점 서울시 노원구 동일로 1366 삼봉빌딩 지하 1층
02)938-7979 / 02)3391-6169(F)

일산점 경기도 고양시 일산서구 중앙로 1391 레이크타운 지하 1층
031)916-8787 / 031)916-8788(F)

의정부점 경기도 의정부시 청사로47번길 12 성산타워 3층
031)845-0600 / 031)852-6930(F)

인터넷서점 www.lifebook.co.kr